러시아 혁명: 희망과 좌절

국립중앙도서관 출판예정도서목록(CIP)

러시아 혁명 : 희망과 좌절 / 지은이: 최일봉. -- 서울 : 책
갈피, 2017
    p. ;   cm

참고문헌 수록
ISBN 978-89-7966-128-6 03920 : ₩13000

러시아 혁명 [--革命]

929.07-KDC6
947.0841-DDC23   CIP2017017337

러시아 혁명: 희망과 좌절

최일봉 지음

책갈피

러시아혁명: 희망과 좌절

지은이 | 최일봉
펴낸곳 | 도서출판 책갈피

등록 | 1992년 2월 14일(제2014-000019호)
주소 | 서울 성동구 무학봉15길 12 2층
전화 | 02) 2265-6354
팩스 | 02) 2265-6395

이메일 | bookmarx@naver.com
홈페이지 | http://chaekgalpi.com

첫 번째 찍은 날 2017년 8월 3일

값 13,000원
ISBN 978-89-7966-128-6 03920

잘못된 책은 바꿔 드립니다.

차례

서론 _ 소련은 러시아 혁명에서 용어만 이어받은 체제였다   7

1장_ 러시아 1917~1928: 승리에서 패배까지   17

2장_ 레닌의 생애와 사상   164

3장_ 21세기 한국에서 레닌주의의 의미   226

4장_ 스탈린주의란 무엇인가?   239

5장_ 소련 블록 사회의 성격: 국가자본주의론의 관점   252

6장_ 현실의 검증을 이기지 못한
 '관료적으로 퇴보한 노동자 국가' 이론   270

후주   285
참고 문헌   293

일러두기

1. 인명과 지명 등의 외래어는 최대한 외래어 표기법에 맞춰 표기했다.

2. 《 》부호는 책과 잡지를 나타내고 〈 〉부호는 신문, 주간지, 영화, 텔레비전 프로그램, 노래를 나타낸다. 논문은 " "로 나타냈다.

3. 본문에서 [ ]는 지은이가 독자의 이해를 돕거나 문맥을 매끄럽게 하려고 덧붙인 것이다.

4. 본문의 각주는 지은이가 넣은 것이다.

서론 _
소련은 러시아 혁명에서
용어만 이어받은 체제였다

요즘, 자본주의가 아닌 대안에 관심을 기울이는 사람이 많아졌다. 세계경제 침체가 10년째 지속되고 있는 게 가장 큰 이유인 듯하다. 그런데 그런 사람들에게 고민되는 점이 있는데, 바로 '사회주의' 하면 북한이 연상된다는 것이다. 더구나 핵무기로 남한을 위협하는 북한 말이다.

그런데 북한은 옛 소련의 시스템이 이식된 사회다. 그러니 사람들은 사회주의를 소련과 북한의 악랄한 독재 체제와 연관시키게 된다. 이 시스템은 1920년대 말부터 1991년 소련 몰락 때까지 존속했는데, 국제적 라벨로 '스탈린주의'라고 한다.

사회주의에 대한 토론은 우리 나라에서는 여전히 북한 문제, 즉 스탈린주의 문제를 놓고 벌어지고 있다. 소련과 북한이 사회주의 사회를 자처해 왔기 때문이다. 심지어 소련은 마르크스와 레닌의 사상을 구현한 사회를 자처했다.

그렇지만 말과 행동을 구분해야 한다. 소련의 공식 이데올로기가 뭐라고 말했든 소련은 사회주의와 아무 관계 없는 시스템이었다. 진보·좌파는 아무도 박정희-전두환 정권을 민주주의로 보지 않는다. 박정희-전두환이 자기네 정권을 민주주의라고 수없이 떠들어 댔어도 말이다. 언사가 아니라 실제 현실로 판단해야 한다.

마찬가지로, 스탈린주의도 마르크스와 엥겔스가 생각한 사회주의와 아무 관계도 없다. 스탈린은 노동자 민주주의 국가 체제를 잔인한 관료 국가 체제로 변모시켰다. 그 국가는 인민을 체계적이면서도 혹독하게 착취하고 억압하는 비민주적인 원리에 따라 운영됐다.

국가의 성격이 일변하면서 사회의 성격도 곧 완전히 달라졌다. 일종의 위로부터의 부르주아 혁명이었다.

10월 러시아 혁명

그러나 1917년 10월 러시아 혁명은 전 세계의 노동자와 빈곤층, 그리고 천대받는 민족들을 고무했다. 러시아 혁명은 마르크스·엥겔스의 사상에 고취돼 일어난 최초의 혁명으로, 낡은 절대주의 국가가 혁명으로 폐지됐고, 옛 지배계급은 (혁명 직후의) 내전에서 패배했다. 옛 지배계급은 대토지를 소유한 귀족으로, 군장성이나 경찰 간부였다. 새 지배계급으로 발돋움하길 원한 민간 자본가계급도 패배했다.

옛 전제정 대신에 노동자 국가가 그 자리에 들어섰다. 노동자 국가는 노동자 평의회(소비에트)로 조직됐고, 진정으로 민주적이었다. 공무원들이 노동자 평균임금만을 받았고, 잘못했을 경우 즉시 소환된 것이다. 노동자들은 노동자 평의회를 통해 노동계급에 이익이 되도록 사회를 운영했다. 그래서 이윤이 아니라 필요에 근거해 생산을 조직하려 애썼다.

일터에서의 업무는 3자위원회라는 기구에 의해 조정됐는데, 3자위원회는 그 직장의 노동자 위원회, 노동자들의 감독을 받는 기술관리자, 현지 공산당 조직으로 이뤄져 있었다.

러시아 혁명은 또 세계에서 가장 성공적인 평화운동이었다. 동부전선에서 제1차세계대전을 끝낸 것이다(서부전선에서의 전쟁은 1년 뒤 독일 혁명이 끝냈다). 러시아 혁명은 자본주의와 제국주의의 야만성을 끝장내는 대안이 있다는 희망을 보여 줬다.

그러나 서방 제국주의 열강들과 러시아 국내의 우익 집단들이 혁명 정부에 대적해 협공을 펴, 처참한 내전이 일어났다. 노동자 정부는 내전에서 승리하긴 했지만, 노동계급의 절반 이상이 사망했고, 나머지는 식량을 구하러 귀농하거나 아니면 국가관료가 됐다.

노동자 없는 노동자 권력은 껍데기에 불과했고 급속히 관료화했다.

설상가상으로 1923년 10월 독일 혁명 패배, 1926년 영국 총파업 패배, 1927년 중국 혁명 패배라는 불행한 상황이 전개됐다. 국제 혁명들이 잇달아 패배하면서 소련은 정치적·경제적으로 고립됐다.

그러자 스탈린은 관료를 대표해 국제 혁명이라는 꿈을 버리자고 주장했다. 소련 한 나라에서도 계급 없는 사회, 사회주의 사회를 이룩할 수 있다고 했다. 이런 사상을 그는 '일국사회주의'라고 했다. 신흥 관료층은 스탈린의 이런 민족주의와 실용주의에 찬동하며 그 주위에 결집했다.

일국사회주의는 국제주의의 완전한 포기였다. 그래서 다른 나라 혁명운동은 소련의 국익을 위해 노동자 혁명을 포기하고 자국 지배계급 일부나 중간계급과 동맹해야 했다.

일국사회주의 노선에 따라 러시아 농민은 강제로 토지를 빼앗기고 집단농장에 들어가야 했다. 저항하면 고문당하고 피살됐다.

도시의 노동자는 공장에 대한 노동자 관리권을 몽땅 **빼앗겼**다. 그뿐 아니라 노조 결성권, 단체교섭권, 쟁의권 등 노동기본권도 모두 **빼앗겼**다. 1인 경영자가 모든 결정권을 독점했다. 임금 억제와 노동 통제를 위해서였다. 노동조합이라는 이름을 지닌 단체는 국가에 완전 예속된 채 생산 할당량 채우는 데 동원되는 기구 구실을 했다.

이 모든 일은 혁명을 뒤집어 버리는 일, 즉 반혁명이었다. 반혁명은 국가관료가 지도했고, 국가관료는 신흥 자본가계급 구실을 했다.

이런 일들이 '사회주의'를 자처하는 국가에 의해 자행됐다. 이런 모델은 제2차세계대전 종전 후 동유럽·북한과, 제국주의로부터 해방된 중국 등 제3세계 나라들에서 복제됐다. 이를 두고 **국가자본주의**라고 한다. 국가자본주의에서는 민간 자본가들이 아니라 국가가 자본을 축적하고 세계시장에서 다른 경제단위들과 경쟁한다.

스탈린 체제는 러시아 혁명이 이룩한 성취를 모조리 파괴했다. 심지어 러시아 혁명을 이끈 인물들도 파괴했다. 스탈린은 동료 볼셰비키 간부들을 모조리 죽이거나 강제노동수용소로 보내 버렸다.

러시아 혁명은 패배했다. 분쇄됐다. 전 세계 수억 노동자들이 품고 있던 희망은 절망으로, 혼동으로 바뀌었다.

각국의 공산당들은 가장 헌신적인 투사들을 끌어들였었는데, 이제 이 투사들은 소련의 민간 외교관 구실을 해야 했다. 이를 거부하면 당에서 축출당해야 했다.

1930년대부터 세계 곳곳의 공산당들은 노동자 혁명이라는 전망을 배신하기에 급급하며 노동계급의 염원을 배신했다. 독일에서 나치가 등장했을 때, 그리고 스페인과 프랑스에서 좌파 정부가 등장한 것에 고무돼 노동자들이 혁명적이거나 혁명에 조금 못 미치는 행동을 했을 때 등등의 경우에 그랬다. 중국 공산당은 아예 활동 근거지를 농촌으로 옮겼다.

스탈린 체제는 1991년 소련 몰락 때까지 60년 남짓 존속됐다. 스탈린 자신은 1953년에 죽었지만 말이다. 그 뒤로도 자본주의는 형태를 바꿔, 그러니까 민간 자본주의로 변신해 지금까지 존속되고 있다. 물론 지배계급은 더는 자기 체제를 마르크스주의 운운하는 용어로 치장하지 않는다.

소련의 국가자본주의는 미국과 서유럽의 자본주의와 형태가 달랐다. 소위 '5개년 경제계획'이라는 게 있었던 것이다. 그러나 그 이른바 '계획'은 서방, 특히 미국과의 군비 경쟁에 따라 거듭 재조정됐다.(박정희 정권도 5개년 계획을 세웠다. 그리고 세계시장의 조건에 반응해 거듭 생산 목표가 조정됐다.)

소련의 계획에서는 군비 증강이 가장 중요했다. 영국·독일·미국 등 서구 강대국들로부터 잇달아 군사적 위협을 받았기 때문이다. 미국이 신형 무기를 만들면 소련도 그에 준하는 수준의 무기를 만들어야 했다. M16 대對 AK소총, 퍼싱Ⅱ 미사일 대對 SS-20 미사일 식이었다.

군비 경쟁을 위해서는 중공업이 중요했고, 중공업 생산 증대를 위해서는 노동자를 효과적으로 착취해야 했다. 서방과 마찬가지로 생산성과 능률이 지고의 가치였다. 마르크스는 이를 착취율 또는 잉여가치율이라고 불렀다.

소련은 소유가 거의 다 국유였다. 북한도 마찬가지다. 민간 자본가계급, 즉 부르주아지는 없었다. 그럼에도 자본주의였다.

21세기 사회주의?

러시아 혁명과 옛 소련 블록 사회에 대해 명료해야 한다. 그 흥망성쇠에 대해 명료하지 않으면 사회주의자의 사상과 활동은 엉망진창으로 혼란스러워진다. 특히, 노동계급의 자체 행동 없이도 소련군 탱크가 사회주의를 갖다 줄 수 있다는(북한) 생각, 또는 지식인 출신 농민 게릴라가 노동계급에 해방을 안겨줄 수 있다는(중국) 생각 따위는 사회주의라는 원칙 자체를 전복하는 것이다.

오늘날 스탈린주의는 그 체제나 사상이나 예전만 못하다.

그러나 그 유산이나 잔재는 여전히 영향을 크게 미친다. 특히, 한국에선 그렇다. 북한이 존재하고 있고 중국이 미국과 각축전을 벌이고 있기 때문이다.

그럼에도 이제 좌파 측에서 러시아 혁명 흥성기에 고취된 것과 같은 인간 해방의 이상은 찾아보기 힘들다. 사회주의에 관한 토론은 기껏해야 지정학적 경쟁 속에서 미국을 견제할 능력 따위에 대한 토론으로 전락했다.

아니면, 쿠바나 베네수엘라의 사례가 21세기 사회주의의 모델로 거론돼 왔다. 베네수엘라는 지속되는 위기 속에서 최근 총선에서 패배했으니, 이제 쿠바를 살사 댄스나 클래식 카와 연관시키며 사회주의를 낭만적으로 묘사하는 수준이 됐다.

물론 쿠바나 베네수엘라는 대담하게 미국 제국주의와 맞서 왔다. 두 국가가 세계의 반제국주의 운동에 제공한 영감은 대단한 것이었다.

그러나 그렇다고 해서 두 국가를 사회주의, 즉 아래로부터의 노동자 권력으로까지 채색하는 건 사회주의를 심각하게 왜곡하는 일이다. 마르크스와 엥겔스, 레닌에게 사회주의는 노동계급의 자력 해방이었고, 두 국가는 노동계급 정치권력이 아니다. 또 전 세계의 수십억 노동자들은 여전히 착취당하고 있고, 카스트로와 차베스는 이들에게 노동자 혁명을 촉구한 적이 없다.

더구나 제국주의의 위협은 전혀 사라지지 않았다. 제국주의가 지배하고 있는 한은 쿠바와 베네수엘라 민중의 고통은 지속될 것이다.

마르크스와 엥겔스, 레닌이 생각한 사회주의는 미국 등 서구의 노동계급이 쿠바와 베네수엘라 등 제3세계 민중과 연대해 제국주의적 지배계급을 타도하고 세계 사회주의 공화국 연방을 구축하는 것이다.

부의 재분배는 좋은 일이지만 사회주의는 그 이상의 것이다. 사회주의는 착취 자체를 없애고, 인간에 의한 인간 차별과 천대를 없애는 것이다. 특히 사회생활의 모든 측면에 대해 노동자들이 의사 결정을 하는 것이다.

이것이 러시아 혁명과 혁명기 볼셰비즘의 이상이었다. 서구 혁명 패배로 러시아가 고립되고 고립 탈피의 **그릇된** 대안으로 스탈린 체제가 지배하게 되기 전까지는 말이다.

스탈린주의는 국제적 사회주의 운동에서 이런 원대한 이상을 앗아가 버렸다. 이제 좌파들은 자본주의와 다른 대안을 생각할 수 없다는 듯이 그때그때의 전투와 전술에만 매몰되는 경향이 있다. 그나마 그조차 투쟁적이고 좌파적으로 수행하지 않는다.

2016~2017년 박근혜 정권 퇴진 투쟁이 한창이던 동안에 진보·좌파 진영의 대부분은 노동자들 고유의 **계급적 투쟁**을

고무하기보다는 주로 대선 대응에 관심을 기울였다. 정권의 부패에 반대하는 투쟁은 민주주의 투쟁인데, 그 투쟁 참가자의 다수인 노동자들이 민주주의 투쟁을 하면서 계급투쟁을 **겸해야** 사회주의 운동 건설로 나아가게 된다는 것이 레닌과 러시아 혁명의 교훈이었다.

그러지 않으면 노동자들은 노조 조직 확대 정도의 성과에 머무르게 된다. 이것은 좋은 일이긴 하지만 거기에 만족할 일은 아니다. 경제 위기 시대에 거듭되는 사용자들과 정부의 공격에 직면해 결국 한계를 드러내게 되기 때문이다.

100년 전의 고전적 마르크스주의자들과 혁명 러시아의 노동계급이 품었던 이상과 이념, 전망을 회복해야 한다.

1장

러시아 1917~1928: 승리에서 패배까지

20세기와 21세기는 심각하기 이를 데 없는 사회 위기가 폭발하는데도 진정한 혁명적 대안이 없으면 사회는 퇴보해 최악의 야만 상태와 공포에 빠진다는 점을 거듭 보여 줬다. 반면 1917년 10월 러시아 혁명은 혁명적 대안이 존재할 때 보통 사람들, 곧 노동계급 대중이 평등과 연대와 상호부조에 따라 새 사회를 창조하기 시작할 수 있음을 보여 줬다.

물론 그 희망은 결국 스탈린 체제라는 새로운 독재에 의해 질식당했다. 그러나 그렇다고 해서 러시아 혁명은 일어나지 말았어야 했던 일인가? 러시아 혁명에 대한 역사적 기억을 지워 버려서는 안 된다. 마치 시체의 변질된 특징들 때문에 산 인간의 아름다움을 잊어서는 안 되는 것처럼 말이다.

그런 기억이 말소되기를 바라는 사람들은 혁명이란 설사 일어난다 해도 언제나 재앙으로 끝나기 마련이라고 주장한다. 그래서 '현실적' 방도는 자본주의 체제의 부패하고 사악한 면들을 개혁하는 것밖에 없다고 한다.

그러나 1917년 러시아에서 의회제 민주주의로 가는 길은 없었다. 이 글은 이 점에 주안점을 두고 러시아 혁명을 자세히 살펴보고자 한다.

구체제

제정 러시아는 전제군주 차르(러시아 황제의 칭호)가 교수대, 시베리아 유형지, 보안경찰(오흐랑카 또는 오흐라나라고도 불렀다) 등을 이용해 절대 권력을 휘두르는 제국이었다. 1억 6000만 인구 가운데 도시 주민은 5분의 1 미만이었다. 차르의 지지 세력이자 지배계급은 대지주 귀족이었다. 그들은 국토의 절반을 소유하고 그 땅에서 일하는 수천만 농민을 억박질러 혹사시키는 데 이골이 나 있었다. 농민은 거의 다 문맹이었고 자신의 촌락을 벗어난 세계에 대해서는 거의 아는 게 없었다.

제국 주민의 절반 이상이 차르의 군대에 정복당한 비러시아계 소수민족들이었다. 러시아는 20개 피억압 소수민족이 민족적 자유를 누리지 못하는 "민족들의 감옥"이었다. 그들은 러시아인 지배자들에 의해 정복당했다. 즉, 러시아인 관료의 지배를 받았고, 러시아인의 법률에 복종해야 했고, 러시아인 군대에 의해 점령당했다. 러시아 정교가 국교였고 러시아어가 유일한 공식 언어였다. 차르와 그의 신하들은 특히 유대인을 노골적으로 억압했다. 어떤 경찰 간부는 자기 상관에게 "원하신다면 열 명 아니라 만 명이라도 동원해서 [유대인] 학살을 조직할 수 있습니다" 하고 말했다. 몇십, 몇백 명의 유대인들이 도살당하는 일이 빈번했다. 인종차별은 지배계급의 분명한 지지를 받았고 심지어 적잖은 노동자들 사이에서도 지지를 받았다.

수십 년 동안 러시아의 차르들은 아무런 도전도 받지 않고 자기네 제국을 지배해 왔다. 물론 자유주의자들의 클럽들과 농민 반란들이 있었다. 하지만 이는 언제나 재빨리 고립되고 분쇄됐다. 차르는 자기 신하들과 귀족들, 성직자들과 함께 자기 선조들의 중세적 통치 방식과 똑같은 방식으로 계속 통치했다. 19세기 후반에 이르기까지 차르에 대한 정말로 심각한 도전은 오직 차르 제국의 국경 바깥으로부터 왔다.

서유럽에서는 결국 차르 지배의 토대를 침식할 사회 체제가 발전하고 있었다. 영국과 프랑스와 독일의 새로운 사회 체제는 그 전에 존재했던 어떤 체제와도 다른 것이었다. 왜냐하면 자본주의는 역사상 유일하게 확장이 자신의 생존 조건이 되는 생산조직 방식이기 때문이다. 유럽의 산업경제들은 서로 경쟁하며 성장함에 따라 시장과 원료와 새로운 이윤 창출 기회를 찾아 국경 바깥으로 나가지 않을 수 없었다. 그 과정에서 다른 지역들의 토착 산업들이 파괴당하고, 지구의 방대한 지역들이 자본주의 열강들의 식민지로 예속됐다.

자본주의 열강들의 군사력이 증가함에 따라 살상력이 더좋은 무기들을 너 많이 생산하는 능력도 함께 증대했다. 그리고 그런 무기들은 대규모 산업경제들의 지배를 강화하는 데사용됐다. 서유럽과 일본의 지배자들이 산업자본주의 덕택에 새로운 전쟁 수행 방식을 습득할 수 있었으므로, 차르는 더는전통적 방식만으로 제국을 유지할 수 없었다. 험난한 경쟁의숲에서 살아남기 위해 새로운 생존 경쟁 방법을 배워야 했던것이다. 중세적 제국인 러시아는 페테르부르크와 모스크바 같은 도시를 중심으로, 고립돼 있지만 선진적인 자본주의 산업의 발달을 촉진해야 했다. 그런데 이는 수백만 농민을 산업노동자라는 새로운 계급으로 변모시켰다. 노동자에게는 파업권도 없었고, 독립적 노동조합의 설립권도 없었고, 단체교섭권도없었다. 산업 노동계급은 330만 명가량밖에 안 되는 소규모였지만 대규모 산업 중심지에 집중돼 있었다. 세계 최대 규모의공장들이 일부 포함돼 있는 산업지구는 제국 정치권력의 중심

페테르부르크 푸틸로프 공장에서 일하는 노동자들(1903년).

지인 페테르부르크와 모스크바 변두리에 있었다. 제국의 전략
적 중심지에 밀집해 있고 시간이 갈수록 글자를 익히고 식견
을 넓히던 노동계급은 자신의 이익을 위해 투쟁하는 법을 빨
리 익혔다.

1880년 이후 러시아의 산업은 대규모로 확장됐다. 그러나
산업의 성장을 추동한 세력은 영국과 프랑스의 경우와 달리
토착 민간 기업인들이 아니었다. 외국의 산업자본가들이 러시
아의 산업 성장을 위한 기계·설비류를 대부분 제공했고, 외국

의 은행들이 재원을 대부분 제공했다. 차르 국가 자체는 외국 산업자본가들과 은행들을 후원하면서 추가적 재원을 제공하고, 몇 해 앞서 대규모 주문을 받고, 노동자들을 엄격하게 통제하고, 모든 수단을 동원해 독일 직물 대기업과 프랑스 주식 시장의 이윤을 보장해 줬다. 러시아의 토착 자본가계급은 외국 자본과 국가 자본에 의존하면서 그 나라 경제 발전에서 처음부터 부차적 구실을 했다는 특징을 보여 준다. 러시아 자본가계급은 이처럼 하위 협력자 구실만을 했으므로 어떤 위대한 사회 변혁 사상도 만들어 내지 못했다. 또한 차르의 바짓가랑이에 매달리기만 했다. 그리하여 목표가 다른 상이한 세력들이 봉건 잔재를 일소하는 긴급한 과업을 해결하려 했다.

그런 변화로 득을 볼 것으로 여겨진 최대 사회세력은 농민 대중이었다. 1861년 농노제가 폐지돼 농민에게 형식적인 자유가 주어졌다. 하지만 여전히 농민은 자신에게 주어진 '자유'에 대한 대가를 치러야 했다. 즉, 농민은 조그마한 생계용 경지를 얻는 대가로 매우 많은 지대를 냈다. 그리고 그런 좁은 땅뙈기에서 일할 권리를 얻는 대가로 막대한 빚을 졌다. 또, 무수히 많은 농민이 자기가 사는 지역의 영주가 더 편하게 살도록 일정 시간의 일(부역)을 해야 했다. 도시의 자유주의자들은 농민이 무식하고 소소유자이고, 그래서 철저하게 보수적이고, 따라서 언제나 반동에 기여할 것이라고 비웃었다. 그러나 시간이 지남에 따라 진실이 드러나게 된다.

한편, 주요 도시의 외곽에 산업지구가 성장하고 있었다. 산업지구에는 프롤레타리아, 즉 새로운 산업 노동계급이 일하며 살아가고 있었다. 이 새로운 계급은 농촌에서 직접 충원됐다. 그들은 교육을 거의 받지 못했고, 정치적 지식이나 경험이 거의 없었다. 그러나 이 약점은 그들의 자산으로 바뀔 수 있었다. 왜냐하면 산업노동자들은 사회주의적 전통이나 노동조합 전통이 전혀 없었는데도 직능조직의 오랜 역사를 갖고 있는 서구 노동계급처럼 보수성과 부문주의로 고전하지는 않았기 때문이다. 러시아 노동자들은 1890년대 중엽에 일어난 최초의 대중파업 때부터 투쟁하고 배울 능력이 엄청나게 크다는 것을 보여 줬다. 비록 산업노동자들은 여전히 인구의 소수였을 뿐이지만, 그들을 이끄는 정치세력(사회주의자들)이 러시아를 혁명적으로 변화시킬 열쇠를 쥘 것이라는 점이 금세 분명해졌다.

사회주의자들과 노동계급의 등장

차르 전제는 언제나 저항을 불렀다. 그리하여 1860년대 초 공공연하게 사회주의적 이상을 품은 한 단체가 활동하기 시작했다. 나중에 '인민의 의지' 당으로 이름을 바꾼 '토지와 자유' 당이 그 단체였다. 그런데 그 단체의 강령은 러시아의 후진성을 반영했다. '토지와 자유' 당은 사회주의 사회에 대한 자신의 희망을 미래의 노동계급(당시에는 거의 존재하지 않았다)에 걸지 않고 농민에 걸었다. 그리하여 그들은 청년 당원들을 농촌으로 보내, 차르 체제에 대항하라고 농민에게 설교하도록 했다. 그러나 농민은 이 유복한 선교사들을 불신과 심지어 적대감을 갖고 대했다. '인민 속으로'라는 구호가 완전히 실패하자 '인민의 의지'의 일부 분파는 더 직접적인 방식으로 선회하기 시작했다. 1881년 그들은 차르 알렉산드르 2세를 암살하는 데 성공했다. 그러나 이는 국가가 그들의 운동을 더 고립시켜, 그들을 소수의 고립된 조직으로 전락하게 만드는 결과를 낳았을 뿐이다.

바로 이 시기에 최초의 마르크스주의 단체인 '노동계급해방동맹'이 창립됐다. 노동계급해방동맹의 창립자 플레하노프는 '인민의 의지' 당이 강조해 마지않았던 전통적 농민 공동체가 쇠퇴하고 있다고 주장했다. 플레하노프는 러시아 자본주의의 발전이 불가능하기는커녕 오히려 불가피하며, 그래서 미래 사회주의 사회 건설의 주체인 도시 노동계급을 탄생시킬 것이라고 주장했다.

실제로 러시아 노동계급은 장차 아래로부터의 자체 행동을 통해 정치권력을 장악하게 된다. 그러나 노동계급이 언제나 혁명적이었던 것은 아니다. 러시아 노동계급의 삶은 참으로 비참했다. 페테르부르크에서조차 극히 가난하고 단조로웠다. 노동자 자신의 여가와 오락은 선술집에서 술 마시는 것밖에 없었고, 그의 가족은 아무런 여가나 오락도 즐기지 못했다. 그래서 노동자들은 술 마시고 싸움을 하고 봉급 날 성매매 업소에 가는 것을 통해 삶의 고통을 잊으려 했다. 혁명적이지 않은 시기에 그들은 자신의 참담한 생활조건과 노동조건에서 무력감만을 끌어냈다. 어떤 경우에는 매우 보수적이고 우파적인 관념들을 끌어냈다.

여성은 극도로 천대받았다. 많은 여성이 러시아의 대규모 산업이자 최저임금 산업인 방직 산업에 종사했다. 여성 노동자들은 일하는 공장에서 자거나, 비좁고 이가 득실거리고 난방이 되지 않는 통나무 막사에서 잤다. 여성 노동자들은 말린 생선과 종종 썩기도 하는 소금에 절인 고기를 사용자가 소유한 가게에서 사서 먹었다. 사용자는 임금을 자기가 주고 싶을 때, 자기가 주고 싶은 만큼 지불했다.

1904년 2월 초 러시아와 일본 사이에 전쟁(러일전쟁)이 일어났다. 차르는 자본가계급의 전폭적인 동의를 얻어 일본에 선전포고했다. 그러나 개전한 지 몇 달도 안 돼 전쟁에서 러시아가 계속 실책을 범하고 패배에 패배를 거듭하고 있다는 것이 명확히 드러났다. 애국적 열정은 짜증으로 바뀌었다. 늦여름쯤 전황이 불리하다는 점이 명백해지자 자본가계급은 꽁무니를 빼기 시작했다. 그들과 법률가들, 지식인들은 이름뿐인 지방의회를 이용해 전쟁에 대한 불평을 늘어놓고, 헌법 제정의 필요성을 역설하기 시작했다. 그들은 나중에 입헌민주당, 즉 카데트를 설립했다.

러시아사회민주노동당의* 두 주요 분파 중 혁명적 입장과 개혁주의적 입장 사이에서 동요하던 멘셰비키는 카데트 자유주의자들의 헌법 제정 운동을 중시했고, 그래서 노동자들에게 그 운동을 지지하라고 촉구했다. 멘셰비키는 노동자들의 독자적 투쟁이 자유주의자들을 놀라게 해 그들을 반동 진영으로 돌아서게 할 것이므로 노동자들은 독자적 투쟁을 하지 말아야 한다고 거듭 경고했다. 멘셰비키의 이런 생각의 밑바탕에는, 후진적 러시아에서 일어날 혁명은 서구에서 이미 정착한 '부르주아'(자본주의적) 민주주의 정체政體를 수립하는 데 우선 머물러야 한다는 생각이 깔려 있었다. 그리고 부르주아 민주주의는 부르주아지(이 계급의 정당이 카데트였다)의 지지를 받아야 한다는 것이다.

러시아사회민주노동당의 두 주요 분파 중 혁명적 분파인 볼

---

* 당시에 사회민주주의는 마르크스주의를 뜻했다. 제1차세계대전 이후 오늘날처럼 개혁주의를 의미하는 말이 됐다.

셰비키는 혁명의 목표들이 부르주아 민주주의 정체 수립에 제한돼야 한다는 주장에는 동의했다. 하지만 부르주아지가 결코 그런 혁명의 목표들을 위해 투쟁하지 않을 것이라고 강조했다. 레닌은 이렇게 말했다.

부르주아지는 … 이런 투쟁에서 재산을 잃을지도 모른다는 두려움을 갖게 된다(재산은 그를 기존 질서에 묶어 둔다). 즉, 부르주아지는 노동자들의 혁명적 행동을 너무 무서워한다. 왜냐하면 노동자들은 민주주의 혁명에서 멈추지 않고 사회주의 혁명을 염원할 것이기 때문이다. 부르주아지는, 재산 소유 계급들의 이해관계와 수천 갈래로 이해관계가 연결돼 있는 [국가] 관료와 완전히 결별하는 것을 두려워한다.

그래서 볼셰비키는 자유주의자들이 하는 운동의 본질을 언제나 들춰냈고, 그들을 따르기를 거부했고, 독자적 노동계급 정치의 중요성을 언제나 강조했다. 또한 노동계급의 진정한 동맹은 대지주 토지의 수용收用을 거부해 자기네의 계급적 색깔을 분명히 드러낸 카데트의 자본가들이 아니라 빈농들이라고 주장했다. 볼셰비키는 가장 초보적인 권리조차 '노동자와 농민의 혁명적 민주주의 독재' 수립을 통해서만 확립될 수 있다고 주장했다. 그런 정부는 민주적으로 조직되는 한편, 소수 유산계급에 대해서는 거침없이 단호한 조처들을 취할(이런 의미에서 '독재') 것이다.

볼셰비키의 예견대로 자유주의자들은 노동자들의 벗이 아님이 드러났다. 1905년 혁명이 한창이던 10월 자유주의적 부르주아지는 처음에는 총파업을 지지했지만 8시간 노동 같은 노동계급 고유의 요구들이 제출되자 급격히 우선회했다. 곧이어 멘셰비키가 자유주의자들의 뒤를 따랐다. 그러나 농민은 엄청난 잠재력을 보여 줬다. 1905년 혁명에서 폭동, 지주 축출, 가축과 곡물 몰수 등이 농촌에서 널리 확산됐다. 군주정을 지지하는 태도를 자주 보여 줬음에도 농민은 토지 요구와 함께, 자신에 대한 부당한 처우의 종식을 요구했고, 이 요구들을 위해 기꺼이 투쟁했다. 요컨대, 볼셰비키는 러시아 사회의 상이한 계급들의 상이한 구실을 정확하게 이해하고 있었던 것이다.

1905년 — "예행총연습"

1904년 동안 파업 건수는 10년 만에 최저 수준으로 떨어졌다. 그해 12월 레닌은 이런 사정을 이렇게 시인했다. "우리 당은 심한 병을 앓고 있고, 그래서 지난 1년 새 당의 영향력은 절반으로 줄었다." 그러나 반전反戰 감정은 계속 악화되는 생활 조건에 대한 노동자들의 분노와 결합됐다. 왜냐하면 임금을 가장 많이 받는 노동자들조차 임금이 4분의 1가량 인하됐기 때문이다.

1905년 혁명 전과 혁명 초기에 노동자들은 개혁가들이나 혁명가들에게 지도해 달라고 요청하지 않고 오히려 경찰의 지지를 받는 합법 단체 '페테르부르크공장노동자회의' 지도자인 젊은 사제 가폰 신부의 조직과 지도를 따랐다. 그리고 가폰의 조직이 성장함에 따라 노동자들은 가폰이 갈수록 많은 행동을 하기를 기대했다. 1904년 12월 초 페테르부르크공장노동자회의는 노동자들의 첫 번째 파업을 지지했다. 이런 사태에 놀란 기업주들은 가폰을 지지하는 노동자 네 명을 해고했고, 직장폐쇄를 가속시켰다. 직장폐쇄는 페테르부르크에서 급속히 확산됐다.

1월 9일 일요일 페테르부르크에서 수천 명의 비무장 파업 노동자들과 그들의 가족들이 가폰의 인도로 개혁을 요구하는 청원장을 갖고 동궁冬宮(차르의 거처)을 향해 행진했다. 그러자 군대가 총을 쏘며 행진 대열을 강제 해산시켰다. 그리하여 가폰은 "오늘 피의 강물이 차르와 인민을 갈라났다"고 선언했다. 이 "피의 일요일"은 노동자들에게 엄청난 충격을 줘, 더 직접적인 행동에 나서게 했다. 페테르부르크에서 멀리 떨어진 도시들까지도 차례로 혁명 물결에 휩쓸렸다. 기업주들은 차르가 매우 노골적으로 거부한 개혁들 가운데 일부를 저마다 조금씩 노동자들에게 양보해야 했다.

그럼에도 노동자들은 그들이 오랫동안 지녔던 관념을 하루 아침에 버리지 않았다. 피의 일요일 이후 넉 달 동안 러시아에서 이제껏 봐 왔던 파업들 가운데 가장 크고 가장 잘 조직된 파업이 일어났다. 그 투쟁을 이끌어 보려던 볼셰비키 당원 하나가 첫 번째 대중 집회에서 짧은 연설을 마치면서, "전제정을 타도하자" 하고 외쳤다가 하마터면 집회가 아수라장이 될 뻔했다. "사방에서 '이제 그만해! 우리는 혁명이 아니라 평화적 투쟁을 원해. 우리의 투쟁은 경제 파업이야!' 하는 외침이 들려왔다." 이렇게 혁명 초기에 볼셰비키는 자신이 너무 고립돼 있어서 자신의 정치 방침을 주장할 수 없다고 느꼈다. 당시 볼셰비키 당원이던 한 활동가는 후에 역사가가 돼 이렇게 말했다.

1905년 1월, 노동자들은 차르가 훌륭한 사람이라서 그에게 탄원할 수 있다고 생각했다. 그러나 그들의 환상은 철저하게 깨졌다. 10월이 되자 노동자들은 차르에게 주먹을 들이대면 그에게서 무엇인가를 얻을 수 있다는 생각에 도달했다. 그러나 단지 주먹을 휘두른다는 생각뿐이었다. 차르에 대항해서 무기를 들어야 할 것이라는 생각은 그다음 단계에서나 가능한 것이었다.

1905년 1월과 3월 사이에 일어난 대중파업들은 지배계급의 우세한 결속력과 화력 때문에 결국 패배하고 말았다. 그러나 가을에 다시 투쟁이 벌어지자 노동자들은 새로운 방식으로 조직하기 시작했다. 1905년 9월 중순 페테르부르크 인쇄공 파업에서 시작된 대중파업들을 통해 10월 세계 어느 곳에서도 볼 수 없었던 새로운 종류의 노동자 조직이 생겨났다. 러시아 노동자들은 지배자들의 중앙집권적 국가기구에 맞서기 위해 민주적이면서도 중앙집권적인 권력 기구, 즉 노동자 소비에트(러시아어 낱말 '소비에트'는 평의회라는 뜻이다)를 처음으로 만들어 냈다. 총파업과 그에 연대하는 운동을 건설하기 위해 페테르부르크시 각 공장의 노동자들은 시 소비에트로 대표자들을 보냈다. 페테르부르크 소비에트는 총파업으로부터 생겨났고, 그래서 처음에는 파업의 조직과 확대에 관심을 가졌다. 그러나 이내 식료품 배급과 전력 공급 같은 문제들에 대처해야 했다. 소비에트는 자체의 신문을 발행하기 시작했고, 이 신문이 탄압을 받게 되자 부르주아 신문 인쇄소들을 접수했다. 크론시타트에서 반란을 일으킨 해군 수병들에 대한 사형이 집행될 위험에 처하자 소비에트는 그들을 지키기 위해 새로 총파업을 지시했다. 흑색단(폭력적인 우익 단체로, 특히 유대인에게 린치를 가했다)이 학살 위협을 가하자 소비에트는 노동자 시민군을 조직해 거리를 순찰하게 했다. 소비에트는 페테르부르크 노동자 투쟁의 핵심 기관이었고, 정치 파업과 시위와 물리적 자기방어를 조직했다. 노동자들은 소비에트가 자신들의 정서를 직접 대변한다고 여겼으므로 소비에트와 일체감을 느꼈다.

소비에트는 12월 초 강제 해산당하기 전까지 공식 정부에 맞서는 노동자 지방정부가 됐다. 자본주의 의회의 의원과 달리 소비에트 대의원들은 더 안락한 생활이나 더 많은 수입으로 대중과 분리되는 별개 집단이 아니었다. 그들은 노동자들이 직접 선출했고, 특권이 없었고, 소환당할 만한 일을 하거나 대의원으로서 받은 위임을 충실히 수행하지 않으면 즉시 교체됐다. 수도 페테르부르크에서 소비에트의 허가를 받지 않고서는 아무것도 할 수 없었다. 온갖 불만 사항들을 담은 청원서들의 겉봉에는 "페테르부르크 노동자 정부 귀하"라고 쓰여 있었다. 실제로 소비에트는 노동자 국가의 움(시작)이었다.

한편, 소비에트가 창립과 함께 총파업을 선포하자 차르는 헌법 제정을 약속했다. 보잘것없는 내용이었다. '두마'(이하 국회) 설립도 실제로는 거의 아무 의미도 없는 것이었다. 국회의원들을 뽑을 때 노동자와 빈농은 이름뿐인 대표들을 선출할 수 있었을 따름이다. 그리고 어떤 경우에도 국회는 차르의 권위에 도전할 수 없었다. 훨씬 더 중요한 자유들은 노동자들의 직접적 행동에 의해 획득됐다. 예컨대, 몇 달 동안 언론과 출판의 자유가 실제로 존재했던 것도 그런 자유들을 부정한 법률을 집행할 수 있을 만큼 정부 당국이 그렇게 강하지 못했기 때문이다. 이런 상태는 혁명적 노동자 운동이 존재하는 한에서만 계속됐다. 페테르부르크 소비에트 지도자들이 연행됐고, 엿새 뒤 모스크바에서 봉기가 일어나지만 군대에 의해 분쇄당했다. 1905년 군대는 대부분 여전히 차르에 충성을 바치고 있었다.

1905년 소비에트는 조직을 다지고 정치를 갈고닦을 시간이 불충분했다. 그런 과제들은 1917년 2월부터 10월 사이에 다시 제기돼 완수된다. 아마도 소비에트의 탄생이 1905년 혁명의 가장 중요한 성과였을 것이다. 1905년 말 소비에트는 패배해 그 여파가 여러 해 지속된다. 그러나 영원히 지속되지는 않았다. 1905년은 분명 "예행총연습"(레닌)이었다. 겨우 12년 만에 혁명이 다시 일어나 승리했으니 말이다.

1905년 러시아 노동자들은 자신의 적이 누구이고, 그 적과 어떻게 싸울 것인지를 알게 됐다. 그런데 그들은 사전의 이데올로기 변화가 아니라 그들 스스로 투쟁하는 과정에서 그런 인식에 도달했다. 그들은 공장에서 거리로 나와 행진하고, 그들의 투쟁을 확산시키고, 그것에서 교훈을 얻었다. 그들은 공장 단위의 파업에서 대중파업으로, 대중파업에서 총파업으로, 그리고 마침내 총파업에서 무장봉기로 나아갔다. 그러나 투쟁적 노동자들을 포함해 수많은 노동자들이 자기들이 맞부딪히고 있었던 것을 시종일관 과소평가했다. 경험을 통해 교훈을 얻기 위해서는 시간이 필요했던 것이다.

그 교훈은 핵심적으로 이렇다. 첫째, 전체로 보아 지배계급은 헌법과 민주적 권리들이 자신의 이익에 어긋나지 않을 때만 그것을 수용한다. 수많은 역사적 사건들이 보여 줬듯이, 1905년은 지배계급이 자신의 중요한 이익이 위협당한다면 무력을 사용할 것이고, 그러한 상황에서 국가 기구가 중립적 태도를 취하지 않을 것이고, 인종차별주의 우익 같은 사회의 쓰레기들을 부추기고 무장시키는 것이 자신의 권력을 유지하는 데 필요한 것으로 드러나면 기꺼이 그렇게 할 것이라는 점을 보여 줬다.

둘째, 1905년 혁명은 투쟁의 주도권을 잡을 수 있는 매우 커다란 잠재력이 보통의 노동자들에게 있음을 보여 준다. 러시아 노동계급은 사심없는 연대 행동에서 출발해 최고의 조직 형태인 소비에트(평의회)를 창출하는 방향으로 나아갔다.

셋째, 1905년 혁명은 전제정의 국가 기구가 이러한 계급 권력에 직면하자 전면 마비되게 된다는 것을 보여 줬다. 오데싸, 크론시타트 그리고 세바스토폴의 수병 반란은 노동자 운동이 강하고 아주 단호할 경우에는 군대조차 혁명의 영향에서 벗어나지 못한다는 것을 보여 줬다.

넷째이자 마지막으로, 노동자 운동이 갖고 있는 그 엄청난 잠재력에도 불구하고 혁명기에조차 노동자 투쟁이 매우 불균등하게 발전한다는 점을 명심해야 한다. 명료한 혁명적 정치가 없을 경우에는, 가장 커다란 혁명적 분출조차 혼란을 면치 못해 패배할 수 있다. 1905년 혁명에서 심지어 가장 선진적인 소비에트 노동자 대의원들조차 경험이 없어서 엉뚱한 방향으로 이끌리는 경향이 있었다. 한편 혁명적 사회주의 사상은 아직 군대에서 충분한 영향력을 발휘하지 못하고 있었다.

후퇴, 그리고 다시 전진

1905년 혁명은 이제 1907년 봄이 지나자 완전히 패배했음이 명백해졌다. 정부는 투사들을 점점 더 탄압할 수 있었고, 집회를 해산시킬 수 있었고, 검열을 실시해 사회주의 신문을 탄압할 수 있게 됐다. 그러나 스톨리핀이 이끄는 정부는 아직 이에 만족하지 않았다. 스톨리핀 정부는 악랄한 탄압을 자행했고, 그 결과 적어도 3500명이 처형됐다. 기업주들은 공세를 퍼부어 직장폐쇄를 통해 노동자들을 해고했다. 노동자 대중이 지치고 겁먹게 되자 기업주들은 고립된 투사들을 색출해 축출해 버릴 수 있었다. 볼셰비키 당원 수는 엄청나게 감소했고, 많은 당원들이 체포돼 시베리아로 유형을 갔고, 지도자들도 차례차례로 해외 망명 길에 오르지 않을 수 없었다.

모든 분야에서 반동적 사상이 득세하기 시작했다. 성적性的

천대가 만연했고, 이런 취미를 부추기는 단체들이 생겼고, 페테르부르크에서는 강간범들이 넵스키가街를 배회했다. 폭력적 우익 단체 '흑색단'은 술에 취해 거리를 쏘다니면서 유대인들과 사회주의자들을 때리고 위협했다.

이런 상황으로 볼셰비키는 가장 어려운 시련을 겪게 됐다. 조직으로서 살아남고, 자신의 원칙을 고수하고, 얼마 안 되는 노동자 투쟁과 어떤 방식으로든 관계를 맺는 것만 해도 엄청난 용기와 단호한 의지가 필요했다. 또한 당이 1905년에 내걸었던 기치들과 당시 새로 가입한 많은 당원들을 저버리고, 어렵고 아무런 보상도 받을 수 없는 반동적 상황에 순응하라는 설득과 압력에 맞서 치열한 투쟁을 해야 했다.

볼셰비키는 1905년 혁명의 투쟁들에서 대부분 지도적 구실을 했다. 당은 수만 명의 선진 노동자들을 당원으로 받아들였고, 개혁주의자들을 한결같이 분명하고 단호하게 비판했고, 제정의 혁명적 전복을 일관되게 주장했다. 볼셰비키는 혁명이 전개되는 과정에서 엄청나게 많은 것을 배웠다. 노동계급은 적어도 1907년 중엽쯤에는 완전히 패배했지만 영원히 패배하지는 않았다. 볼셰비키는 핵심 간부를 보존했고, 이들은 반동의 시기에 살아남을 수만 있다면 노동계급이 다시 일어설 때 그들을 승리로 이끌 만큼 강력한 위치를 차지할 수 있는 혁명적 당의 보루였다.

반동의 시기에도 미미하게나마 활동은 계속됐다. 당은 공개적으로도 — 예컨대 선거에서 또는 의료보험 기관의 노동자 대표들로 — 조직됐고, 비밀리에도 조직됐다. 공장에서는 비밀세포들이 모임을 계속 열고 비밀리에 리플릿과 팸플릿을 반포했고 몇 안 되는 투쟁에서 어느 정도 구실을 했다. 그런 임무는 단조롭고, 어렵고, 보상받는 것도 없고, 흔히 위험한 것이었다. 하지만 그렇다고 그것을 피할 수는 없었다. 자신의 기본적 원칙을 포기하거나, 사회 변화의 주체라고 믿는 노동계급 속에서 할 수 있는 만큼 활동하기를 포기하는 그런 정치조직은 실천에서 혁명적 정치마저 포기한다. 이런 문제들에 굳건하고 단호한 입장을 취한 덕분에 볼셰비키는 반동기를 통과해 살아남을 수 있었고, 마침내 투쟁이 다시 고양되는 시기가 왔을 때 전술적 신축성을 결합시키며 눈부신 성과를 얻을 수 있었다.

　마침내 투쟁 고양기가 돌아왔다. 경제가 호전됨에 따라 시베리아의 레나 광산에서 파업을 일으킨 노동자들에게 경찰이 발포해 500명이 넘는 사상자를 냈다. 러시아 전역에서 노동자들이 분노에 차서 항의 집회를 열었고, 시위와 파업을 벌였다. 1912년 4월에는 30만 명이 파업을 벌였고, 메이데이에는 40만 명이 거리로 쏟아져 나왔다. 이 운동은 여러 달 계속됐고 민주공화정 요구 같은 1905년 당시의 일반적인 정치적 요구들이 공장과 거리의 시위 현장에서 다시 들리기 시작했다.

이제 볼셰비키는 훨씬 더 공개적으로 활동할 수 있게 됐다. 볼셰비키는 〈프라우다〉 신문을 발행하기 시작했고, 공장에서 신문을 팔고 신문 제작 기금을 모금하는 조직들을 만듦으로써 신문을 노동자들을 조직하는 수단으로 이용했다. 이런 좀더 유리한 조건에서 볼셰비키와 멘셰비키는 둘 다 성장했다. 그러나 볼셰비키는 노동자들 사이에서 멘셰비키보다 더 빨리 성장했고, 투쟁적이고 정치적인 페테르부르크 지역 노동자들 사이에서는 훨씬 빨리 성장했다. 볼셰비키 신문 〈프라우다〉의 발행 부수가 이 점을 분명하게 말해 준다. 1914년 7월 무렵 볼셰비키는 지방에 639개 노동자 그룹들을 조직했는데, 이는 멘셰비키가 조직한 364개 그룹의 갑절에 가까운 것이었다. 페테르부르크에서 볼셰비키는 멘셰비키가 조직한 224개 그룹의 다섯 곱절이 넘는 1276개 그룹을 조직했다. 1905년과 1907년 사이에 볼셰비키와 멘셰비키는 서로 비슷한 규모를 유지했지만, 1914년 여름 제1차세계대전 개전 직전에는 볼셰비키가 투쟁적 노동자들 사이에서 훨씬 우세한 위치를 차지하고 있었다.

1914년 7월경 러시아 노동계급은 혁명을 향해 전진하고 있었다. 페테르부르크에서는 13만 명의 노동자들이 노동조합 탄압과 노동자 신문 폐간 조치들에 항의해 정치 파업을 벌였다. 거리에서는 수많은 군중이 경찰과 싸웠고, 비보르크 노동자 지구에서는 노동자들이 거리에 바리케이드를 쌓았다.

제국주의 전쟁

1912~1914년은 대중파업 시기였지만 1914년 8월 제1차세계대전 개전으로 이런 전투성은 일시적으로 가로막혔다. 차르는 그때까지 인류 역사상 최대 규모의 전쟁에 참전했다. 제국의 장래가 걸려 있는 문제였기 때문이다. 정부는 애국주의 열병을 퍼뜨림으로써 노동자들을 분열시켰고, 그래서 1000명의 볼셰비키를 축출할 수 있었다. 처음에는 많은 사람들이 전쟁에 성원을 보냈다. 그러나 전쟁이 지배자들의 예상보다 오래가면서 식료품 가격이 오르고, 전선에서 사망자가 늘어났다. 1917년 초쯤 전쟁은 더할 나위 없이 큰 고통으로 바뀌었다. 도시에는 굶주림이 만연했다. 징집된 농민인 사병들은 독일의 뛰어난 화력과 마주해 나날이 죽음에 대한 두려움에 떨었다.

전쟁은 러시아뿐 아니라 다른 모든 나라의 사회주의자들에게 새로운 문제를 안겨 줬다. 유럽 전역에서 노동자 운동의 구호는 호전적 애국주의의 시끄러운 외침 소리에 묻혀 들리지 않게 됐고, 노동자들이 모병에 지원하거나 징집되고 있었으므로 계급투쟁은 잊히고 말았다. 누가 국제주의 이념을 지킬 것인가? 모든 곳에서 사회주의자들은, 엄청나게 강력한 조직을 갖고 있고 국제 마르크스주의의 본산으로서 명성을 떨치고 있던 독일사회민주당에 기대를 걸었다. 그러나 독일사회민주당은 지하에서 계급투쟁을 수행하느냐 아니면 자국 정부를 지지하느냐는 양자택일의 선택에 직면해, 다른 나라 노동자들에 맞서 독일 자본주의를 위해 투쟁하는 길을 택했다. 이제 제2인터내셔널 소속의 다른 정당들도 하나씩 하나씩 독일사회민주당의 뒤를 따랐고, 그 과정에서 그들에게 국제주의란 아무런 실제적 의미가 없는 그저 듣기 좋은 말이었을 뿐임이 드러났다. 이런 소식에 놀라 잠시 입을 다물지 못하던 레닌은 이내 이렇게 단언했다. "제2인터내셔널은 기회주의에 정복당해 죽었다."

그러나 전쟁에 반대하는 것만으로는 충분하지 않았다. 효과적 저항을 조직하기 위해서는 결정적으로, 전쟁의 근원과 전쟁과 계급투쟁의 관계를 이해해야 했다. 레닌은 먼저, 전쟁의 성격이 제국주의적이라고 주장했다. 거대 독점체들·은행들과 유착한 자본주의 열강들이 서로 격렬한 경쟁을 벌이다가, 경쟁이 너무 격렬해져 이제 전면전 차원으로 전개되고 있다는 것이다. 기존 사회를 바탕으로 이뤄진 어떤 평화협정이나 강화조약도 제국주의 열강들의 약소국 수탈과 억압을 강화시킬 뿐이다. 따라서 도덕적·평화주의적 입장에 서서 전쟁에 반대하는 것, 즉 '정의로운 평화'를 요구하는 것은 실제로는 체제 자체와 타협하는 것이다. 평화주의자들은 계급투쟁을 포기하고 추상적 도덕을 내세우고 있다.

이런 인식에서 출발한 레닌은 다음과 같은 사회주의적 전략에 도달했다. 사회주의자들은 자국의 승리가 노동계급에 대한 지배계급의 지배를 강화시킬 뿐임을 분명히 아는 데서 출발해야 한다. 노동자들은 자국의 승리가 자신들에 대한 기업주들의 지배를 강화시킬 뿐이므로 '자기' 나라를 위한 전쟁에서 아무 득도 볼 수 없다. 하지만 자기 계급을 위한 투쟁에서는 얻을 수 있는 이득을 다 얻을 수 있다. 유럽 전역의 노동자들이 자국 정부에 대항해 일으키는 내전만이 제국주의 전쟁을, 수백만 명의 대량 학살을 저지할 것이다. 이런 입장에 근거해 사회주의자들은 '자국'의 패전을 반겨야 한다.

그래서 사회주의자들은, 자국 지배계급을 지지하고 계급투쟁을 포기하면서 국제주의와 정반대되는 방향으로 나아가고 있던 제2인터내셔널의 "사회[주의적] 애국주의자들"과 되도록 분명히 선을 그어야 했다. 그런 배신자들과는 어떤 타협도 있을 수 없다. 레닌은 새 인터내셔널의 창립을 촉구했다.

러시아에서는 멘셰비키가 전쟁 문제를 둘러싸고 분열했고, 이는 볼셰비키, 특히 당 소속 국회의원들에게 약간 혼동을 일으켰다. 그러나 평당원의 압도 다수는 계급적 관점에서 전쟁을 반대했다. 레닌이 제안한 선명한 구호들은 평당원들의 핵심적 선동 내용이 됐다. 그러나 볼셰비키는 유럽에서 거의 완전히 고립됐다. 소수 개인들과 그룹들만이 볼셰비키의 입장을 지지했다. 새 인터내셔널이 선포될 수 없었음은 물론이다. 그것을 창립하기 위해서는 엄청나게 많은 정치적 노력이 필요했다. 새 인터내셔널 창립을 위한 첫 번째 조처로써 볼셰비키 대표단이 1915년 9월 스위스 치머발트에서 열린 반전 사회주의자들의 협의회에 참석했다. 회의에 참석한 대표들은 '제국주의 전쟁을 내전으로'라는 구호에 반대표를 던졌고, 제2인터내셔널과 결별하자는 요구를 거부했다. 소수파였던 볼셰비키는 자신의 입장을 강경하게 주장하는 한편, 협의회 선언문에는 서명했다. 왜냐하면 그 선언이 전쟁에 반대해 투쟁하자는 사회주의자들의 요구를 대변하는 것이었기 때문이다.

시간이 지나면서 전쟁이 인기를 잃어 가자, 갈수록 많은 사회주의자들이 그런 사태 전개에 고무돼 전쟁에 단호히 반대하는 자세를 취했다. 러시아에서는 이런 일이 겨우 몇 개월 만에 일어나고 있었다. 노동자 투쟁이 빨리 부활해, 치머발트 협의회가 열리고 있을 무렵에는 노동자 시위에 대한 경찰 폭력과 만행에 항의하는 정치 파업을 포함해 파업들이 분출하기 시작했다. 볼셰비키 조직은 성장했다. 이제는 더는 검거로써 볼셰비키 세포를 파괴할 수 없었다. 페테르부르크(당시의 애국주의 열풍 때문에 페트로그라드로 이름이 바뀌었다[1])의 볼셰비키 당원 수는 1915년 7월 1200명에서 1916년 6월에는 2000명으로 그리고 그해 말에는 3000명으로 늘어났다. 경찰 정보원은 볼셰비키의 선동이 실효를 거두고 있음을 계속 원통해하는 어조로 보고했다. 러시아의 대공장들 대부분에서 볼셰비키 세포들이 활동하고 있었다.

노동쟁의는 정부의 유일한 문제가 아니었다. 전쟁은 전체 경제에 엄청난 압박을 가했고, 빈약한 장비로 무장한 러시아 군대의 참담한 패배를 통해 러시아 경제의 후진성을 드러내 보였다. 군대에서 불만이 드높아졌다. 볼셰비키 선동가들에게서 고무돼 사병들(즉, '제복 입은 농민들')이 탈영하고 해군 수병들은 선상船上 반란을 일으켰다. 제정 정부는 자신이 아는 유일한 방법, 즉 폭압으로 대응했다.

그러나 반란과 패배의 물결을 가라앉힐 수 있는 길이 없었다. 정부 관료들은 갈수록 전횡을 부리고 미친놈처럼 행동했다. 그리고 황후는 수도승 라스푸틴 같은 별 괴상한 인간들의 말에 점점 귀를 기울였다. 이는 차르의 무기력을 반영하는 것이었다. 러시아 사회에 남아 있던 구시대의 잔재들에 속박당해 있던 제정 체제는 효과적인 개혁을 할 수 없었다. 제정은 사회의 발전에 기생하는 처지가 돼 있었다. 전황이 불리하게 전개되자 이 점이 밝히 드러났고, 그래서 여러 세기 동안 존속한 로마노프 왕조를 일소하는 것이 시간 문제로 여겨질 정도의 위기가 바야흐로 폭발할 찰나에 있었다.

2월혁명

1917년 2월, 그해 벽두의 경찰 예상대로[2] 러시아 사회 기층의 분노는 마침내 폭발했다. 1917년 2월 중순경 페트로그라드에는 밀가루가 10일분의 공급량만 남아 있었다. 페트로그라드 수도방위사령관은 배급을 명령했다. 2월 16일 빵 가게들의 진열대가 텅 비게 되자 사람들이 몰려들었다. 그리고 그다음 주에는 굶주린 노동계급 시위대가 가게 앞에 몰려와 항의하면서 유리창을 깨 버렸다. 국제 여성의 날인 2월 23일 수많은 노동계급 여성들이 거리로 쏟아져 나와 빵을 요구했다. 2월 페트로그라드 외곽 산업지구의 여성 노동자와 주부 수천 명이 식료품 배급 제한에 항의해 벌인 시위가 강 건너 도심지의 대중 시위로 발전했다. 노동자 수십만 명이 파업에 들어갔다. 시위대는 황실 경호 부대와 충돌했다. 24일 차르에게 충성하는 부대가 발포해 시위대 40명을 사살했다. 노동자들은 무장하기 시작했다. 그러자 그다음 날 바로 그 부대가 발포를 거부했다. 그리고 오히려 시위대와 함께 국회의사당으로 행진하면서 "빵," "차르 하야," "전쟁 중단" 등의 구호를 외쳤다. 결정적으로 몇몇 연대의 사병 전체가 노동자 쪽으로 넘어왔다. 사병 7만 명이 파업 노동자 38만 5000명에게 합세했다. 2월 28일에는 최후까지 충성을 바치고 있던 부대가 등을 돌렸다.

결국 차르는 퇴위할 수밖에 없었고, 각료들은 체포됐다. 임시 정부가 들어섰다.

러시아 국민은 한 줌 빼고는 다 환호했다. 노동자는 이제 자신의 고통이 끝이라고 생각했다. 농민은 마침내 지주의 토지를 나눠 가질 수 있을 것이라고 생각했다. 사병은 오래지 않아 전쟁이 끝날 것이라고 생각했다. 억압받던 소수민족은 이제 자유를 얻을 것이라고 생각했다. 중간계급(부르주아지)은 대지주의 지지를 받던 전제정이 전복된 것을 환영하며 자유민주주의가 도래했다고 생각했다. 러시아 자본주의의 효율과 생산성 증대를 바라기 때문이었다. 그들은 새 정부가 더 효과적으로 전쟁을 수행해, 자기들을 위해 새 시장을 개척해 줄 것으로 봤다. 러시아 사회의 거의 모든 부분이 차르 퇴위만으로도 나라의 위기가 해결될 수 있을 것이라고 믿었다.

오늘날 자유주의적·사회민주주의적 역사가들은 이런 믿음을 되살리고 있다. 그들은 1917년 10월 레닌과 볼셰비키가 러시아 노동계급을 "의회민주주의로 가는 길"에서 괜스레 납치해 엉뚱한 길로 끌고 갔다고 본다. 그리고 그 길은 스탈린주의로 가는 길이었다는 것이다.

그러나 차르를 하야시킨 위기는 악화돼 마침내 파국으로 치달았다. 이는 볼셰비키의 잘못이 아니었다. 볼셰비키는 봄에는 여전히 군소 정당이었기 때문이다. 위기 악화는 오히려 정부를 이끈 '온건한' 정치인들 책임이었다. 온건한 정치인들은 군 장성과 지주와 자본가들이 두려워, 위기의 근원을 해소할 조처들을 취하려 하지 않았다. 여름에 우익 장성들은 지주들과 핵심 자본가 그룹들과 공모해, 대중의 환멸을 이용해 정권 찬탈을 획책했다. 그들을 저지하려면, 공약空約이 된 공약公約들을 여전히 믿고 기다리는 것이 아니라, 진정한 변화를 일으키기 위해 혁명을 전진시키는 길밖에 없었다. 또 한 번의 혁명이 필요했던 것이다. 만일 이 일이 일어나지 않았다면, 러시아 혁명가 트로츠키가 나중에 지적했듯이, 파시즘을 경험한 최초의 나라는 1922년 10월 이탈리아가 아니라 1918년 초 러시아였을 것이다.

물론 2월혁명은 자발적인 혁명이었다. 2월혁명이 10월 봉기와 달리 '자발적으로' 일어난 혁명이었다는 것에는 일반으로 의견이 일치해 있다. 실제로 아무도 2월혁명을 '지시'하지 않았다. 볼셰비키 러시아 국내 중앙(사무국)은 아예 굼뜨게 대응했다. 어떤 조직도, 볼셰비키도, 볼셰비키의 가장 투쟁적인 비보르크 지구 조직도 파업을 조직하지 않았다. 러시아 노동계급은 스스로 이니셔티브를 쥐고 행동에 나설 수 있음을 (1905년에 이어) 다시 한 번 보여 줬던 것이다.

그러나 2월혁명이 볼셰비키와 전혀 관계없는 '순전히' 자발적인 혁명이었다고 기계적으로 생각해서는 안 된다. 알렉산드르 실랴프니코프가 지적하듯이 볼셰비키 평당원들은 2월혁명의 필수적 부분이었다.[3] 모든 일터에서 최상의 투사들은 흔히 볼셰비키 당원이거나 후원자였다. 이처럼, 볼셰비키는 노동자 위에 군림하며 기회를 엿보다가 재빠르게 권력을 낚아채 가는 정당이 아니라 기본적으로 계급의 일부인 정당이었다.

2월혁명을 통해 노동자들은 자신의 힘을 깨달았다. 혁명과 함께 다시금 러시아 노동자들은 민주적으로 대표자들을 선출해 소비에트를 세웠다. 노동자 소비에트들이 부활한 것이다. 이번에는 러시아 제국의 모든 산업지역에서 소비에트가 설립됐다. 노동자들은 또한 자주관리를 위해 공장위원회도 세웠다. 이제는 일부 사병들이 노동계급에게서 배워 자신의 소비에트를 설립했다. 선출된 소비에트를 통해 조직하는 본보기는 노동자에서 사병으로, 그리고 많은 농민 촌락으로 확산됐다. 차르 타도를 통해 수많은 사람들이 생전 처음으로 자신의 생활 조건에 자신이 어느 정도 영향을 미칠 수 있다고 느끼게 됐다. 정치에 완전히 무관심했던 광범한 대중이 사회가 직면한 핵심 정치쟁점들을 이해하기 시작했다. 그들이 그런 쟁점을 토론하고 스스로 내린 결론에 따라 행동할 수 있는 수단이 바로 소비에트였다. 소비에트라는 기구를 통해 노동자와 사병은 스스로 조직할 수 있었다. 제정 국가기구는 해체됐다. 경찰은 노동자 시민군으로 대체됐다. 농민은 지주의 토지를 차지하기 시작

"여성이 노예라면 [우리 모두] 자유는 없다. 여성 평등이여 영원하라"고 쓴 현수막을 들고 행진하는 여성 시위대(페트로그라드, 1917년 3월).

했다. 비러시아계 소수민족은 자결권을 확보하고 다수민족 러시아인의 차별에서 벗어나고자 했다. 소비에트와 각종 위원회는 경제 문제를 다루는 것을 넘어 정치적 구실까지 했다. 이 민주적 기구들은 노동자 국가의 싹이었다.

그러나 운동의 자발성은 또한 운동의 약점이기도 했다. 페트로그라드 소비에트의 지도부는 자유주의적 부르주아지에게 며칠 안에 임시정부를 구성해 국정을 맡으라고 요구했다. 이것을 어떻게 설명할 수 있을까? 혁명은 아직 미숙했다. 혁명은 전제정을 혐오했고, 전제정에 대항하는 단결을 열망했다. 혁명은 자유와 평화를 옹호한다고 자처하는 세력들을 다 믿었다. 그리하여 혁명 초기에 소비에트들은 멘셰비키와 사회혁명당의 정치적 지도를 받았다. 사회혁명당은 사병 대표들 사이에서 압도적 지지를 받고 있었다. 멘셰비키와 농민 정당인 사회혁명당은 카데트와 함께 개혁주의 노선을 추구했고, 자유주의적 부르주아지가 집권하면 그런 개혁 조처들을 실행하리라고 생각했다. 그렇다면, 자유주의적 부르주아지가 권력을 장악해야 할 것이다.

그러나 문제는 그렇게 간단하지 않았다. 위에서는 임시정부가 법령을 발표하고 부르주아지의 이익에 도움이 되는 결정을 내렸지만, 아래에서는 노동자들과 사병들의 고조되는 운동이 독자적인 결정을 내리고 있었다. 사병들은 지휘관의 명령을 거부했고, 노동자들은 파업을 일으켰다. 임시정부는 자신의 의지를 집행할 수단이 없었다. 이른바 '이중권력'이 형성된 것이다. 한편으로는 임시정부가, 다른 한편으로는 (진정한) 혁명 정부가 존재했던 것이다. 이런 상황은 무한정 지속될 수 없다. 비록 얼마 동안 지속될 수는 있겠지만 그 상황은 근본적으로 불안정한 것이다. 부르주아지의 정부가 다시 권력을 장악해 부르주아지의 국가를 세우거나 아니면 전복되거나 둘 중 하나로 끝날 운명이었다.

이 시기에 소비에트 지도자들이 떠맡은 임무는 혁명과 정부를 화해시키고 혁명을 정부에 예속시키는 것이었다. 이와 대조적으로 볼셰비키의 임무는 혁명에, 즉 노동자·사병·빈농 대중에게 그들의 이익은 정부의 이익과 서로 화해할 수 없는 반대되는 것임을 설명하는 것이었다. 그러나 4월 초까지 볼셰비키는 그런 시도를 할 수 없었다. 볼셰비키는 새롭게 바뀐 복잡한 상황에 적응하지 못했다. 전진하기 위해 볼셰비키는 우선 오랫동안 견지해 왔던 개념의 일부를 버려야 했고, 자신의 개념을 새로운 투쟁 요구들과 연결시켜 명료하게 만들어야 했다.

이 점을 좀 더 자세히 살펴보기로 하자. 2월혁명 이후 러시아 사회의 핵심 세력은 셋이었다. 첫째, 군 장성들이 있었다. 이들은 구질서를 대표했고, 혁명을 분쇄하기 위해 여념이 없었다. 둘째, 노동자 정당들이 있었다. 볼셰비키와 멘셰비키가 그들이었다. 셋째, 사회혁명당이 있었다. 이 당은 전통적으로 농민의 이익을 대변했다. 따라서 군대에도 기반이 있었다. 그러나 그 지도자들은 거의 다 지식인이었다.

이제 중앙정부 권력은 기업주의 이익을 구현하려 애쓰는 카데트의 중간계급 정치인들이 통제했다. 이들은 러시아를 근대적 자본주의 사회로 변모시키기를 바랐고, 의회 선거를 원했지만, 대중의 열정이 가라앉을 때까지 선거를 연기하기를 원했다. 이들은 독일과 오스트리아에 맞선 유혈 전쟁을 계속할 작정이었고, 대기업의 공장 통제를 유지할 셈이었고, 농민의 토

1917년 5월 1일 페트로그라드 동궁 광장의 메이데이 시위대. "민주공화국이여 영원하라"고 쓴 현수막과 "사회주의여 영원하라"고 쓴 현수막이 함께 있다.

지 접수도 저지할 작정이었다. 그러나 소비에트에 대한 대중의 지지가 하도 강력해, 이 중간계급 정치인들은 정부 구성 문제를 둘러싸고 소비에트와 협상해야 했다. 그래서 전쟁 덕분에 더 많은 이윤을 얻는 자들과 리보프 공작이 이끌던 첫 임시정부에도 사회혁명당과 멘셰비키 지도부의 '온건파' 사회주의자들이 적잖이 포함됐다(7월부터는 사회혁명당 소속의 온건한 사회주의자 케렌스키가 대중을 달래기 위해 정부 수반을 맡게 된다).

처음에 이들 온건파는 정부에 대한 지지를 이끌어 낼 수 있었다. 대다수 노동자·사병은 기존 체제가 조장한 관념들, 특히 자신들은 사회를 운영하기에 모자라다는 생각을 여전히 받아들였다. 그래서 제1차 전국 소비에트 대의원 대회(이하 소비에트 대회)가 열렸을 때 대의원의 무려 88퍼센트가 임시정부를 지지했다.

그러나 소비에트와 임시정부가 공존한다는 것은 러시아 사회의 두 권력(이중권력)이 불안하게 균형을 유지하고 있다는 뜻이다. 주로 멘셰비키인 소비에트 지도부는 노동계급 다수의 지지를 받았는데도 권력 잡는 것을 겁냈다. 소비에트 지도자들은 임시정부를 지지하기로 의견을 모았다. 정부는 자신이 형식적 권력을 유지하고 있지만 실질적 권력은 모두 소비에트에 있음을 알고 있었다. 노동자와 사병은 소비에트를 자신의 조직으로 여겼다.

2월혁명은 부르주아 민주주의 혁명이었나?

옛 소련의 공식 이데올로기는 2월혁명을 "부르주아·민주주의 혁명"이라고 규정했다. 부르주아 혁명이고 또한 민주주의 혁명이라는 것이다. 오늘날에도 많은 좌파(스탈린주의 사상을 받아들이지 않는 좌파의 일부도)가 이런 그릇된 정의를 답습

하고 있다. 이들의 근거는 2월혁명으로 부르주아지가 정권을 잡았다는 것이다.

그러나 마르크스와 엥겔스는 어떤 혁명을 정의할 때 그 혁명의 사회적 결과에 초점을 맞춰 정의했다. 그래서 부르주아 혁명은 자본주의 이전의 사회관계를 자본주의적 사회관계로 변혁하는 혁명을 가리키는 말이다. 여기서 핵심은 자본 축적을 주도할 강력한 국민국가를 세우는 것과 농업에서 지주제도를 폐지하는 것이다. 부르주아 혁명이 정치적 민주주의를 확립했다는 통념은 프랑스 혁명을 지나치게 일반화한 오류일 뿐이다. 16세기 후반부터 17세기 전반까지의 네덜란드 혁명과 17세기 중엽 영국 혁명, 18세기 말 프랑스 혁명이 대표적인 부르주아 혁명이었다.

러시아에서는 2월혁명으로 지주제도가 없어지지 않았다. 지주제도 폐지는 노동계급이 권력을 잡은 10월혁명 이후에야 비로소 이뤄졌다. 국민국가로 말하자면, 비록 차르 절대 국가는 전복됐어도 그것을 대체한 임시정부는 국가의 핵심인 경찰력도 구축하지 못했고 군대는 거의 와해 상태였다. 그리고 파업으로 몸살을 앓는 공장을 자본가들이 버리고 도망갔는데도 정부는 자본가들에 대해서나 노동자들에 대해서나 속수무책이었다.

한편, 노동자들은 소비에트를 자신들의 정부라고 불렀다. 소비에트는 노동자 국가의 맹아였는데, 도대체 16세기 후반 이래 어떤 부르주아 혁명에서 노동자 국가의 맹아가 생겨났단 말인가?

2월혁명이 민주주의 혁명이라는 주장도 틀렸다.

민주주의 혁명은 정치적 민주주의가 존재하지 않는 권위주의 정치체제(예를 들어, 군부 독재나 파시즘 또는 스탈린주의 체제)를 타도하고 정치적 민주주의가 존재하는 정치체제로 변혁하는 혁명이다. 여기서 핵심은 정치적 자유와 제도, 소수민족의 권리, 종교의 자유 등이 확립되는 것이다. 잘 알려진 사례만 들자면, 18세기 말 프랑스 혁명과 1989년 동유럽 혁명, 1999년 유고슬라비아 혁명 등이 있다.

2월혁명으로 정치적 자유와 의회민주주의 제도는 불가피하게 상당 정도 시행됐지만, 소수민족의 권리는 전혀 보장되지 않았다. 소수민족의 권리와 종교의 자유는 임시정부가 아니라 오히려 노동자 소비에트와 소비에트 정당들이 약속하고 있었다. 그리고 10월혁명 이후 시행됐다.

요컨대 임시정부의 정치적 민주주의는 제한적이었던 반면에 노동자 민주주의, 즉 사회주의적 민주주의의 맹아가 싹트고 있었다. 프랑스 혁명 이래 지금까지 도대체 어느 민주주의 혁명에서 사회주의적 민주주의의 맹아를 찾을 수 있는가?

그렇다면 2월혁명의 성격은 무엇일까? 훗날 트로츠키는

10월혁명을 '연속혁명'으로 규정하고, 2월혁명은 10월혁명의 전주곡이자 "연속혁명의 에피소드적 단계"라고 규정했다. 연속혁명이란 노동자 혁명이 노동자 권력 장악과 함께 부르주아 혁명의 과제나 민주주의 혁명의 과제를 수행하는 것을 가리키는 용어다.

레닌도 러시아에서 민주주의는 10월혁명으로 등장한 노동자 정부 아래에서 구현됐다고 지적했다. 노동자 민주주의로 성격이 변해서 구현됐다고 말이다.

레닌과 트로츠키는 2월혁명에서 노동자 소비에트의 등장에 주목했다. 이들은 소비에트를 노동자 권력이 정치적 형태를 갖추고 있는 것으로, 노동자 국가가 움트고 있는 것으로 봤다. 그래서 레닌은 '4월 테제'를 통해 볼셰비키 간부들과 혁명적 노동자들에게 더는 임시정부를 지지하지 말라고 촉구했다.

레닌과 트로츠키의 사회주의 개념은 마르크스의 사회주의 개념과 똑같은 것으로, 요약하면 아래로부터의 노동자 권력 또는 노동계급 자력 해방이다.

이런 견해는 스탈린주의의 견해와 전혀 다른 것이다. 스탈린주의는 사회주의 혁명을 사회주의자들이 위로부터 기존 국가를 장악하고 그것을 지렛대로 전면적 국유화를 단행하는 것으로 이해한다. 1928년 소련, 1946년 북한, 1947년 동유럽에서 그랬던 것처럼 말이다.

한국을 포함해 부르주아 민주주의가 대체로 확립된 나라에서 민주주의 혁명을 추구하는 것은 의도와 무관하게 실천에서는 개혁주의를 실행하는 것으로 나타난다. 물론 이런 곳에서도 민주주의적 권리들(한반도 주민의 경우 민족 통일을 포함한다)을 방어하는 것은 필요한 일이다. 그러나 민주주의자나 민중주의자로서가 아니라 아래로부터 노동자 민주주의의 씨앗을 발아시키고자 애쓰는 사회주의자로서 민주주의적 요구를 지지해야 한다.

당의 재무장

카데트와 멘셰비키, 사회혁명당은 일치단결해 임시정부를 열렬히 지지했다. 처음에 사람들은 강경 노선으로 유명한 볼셰비키는 임시정부를 열렬히 반대할 것이라고 생각했다. 그러나 그런 일은 일어나지 않았다. 2월과 4월 사이에 볼셰비키의 총노선은 많은 혼동과 여러 괄목할 만한 이견을 내포하긴 했어도 어쨌든 임시정부를 '조건부로', 즉 '혁명이 이룩한 성과를 임시정부가 지키는 한에서' 지지하는 것이었다. 그 결과, 즉각적인 전쟁 종식을 요구하는 선언문을 하나도 내놓을 수 없었다. 스탈린과 카메네프가 편집하고 있던 〈프라우다〉는 모든 중요한 문제에서 임시정부를 지지했다.

그런 입장은 우연이 아니라 볼셰비키가 오래전에 고안한 혁명 도식에서 이끌어 낸 것이었다. 1905년 레닌은 소심한 부르주아지 대신에 노동자와 농민이 전제정을 타도하고 혁명 정부를 세워 권력을 장악하고 부르주아 민주주의를 확립할 것이라고 생각했다. 그러나 실제의 역사는 훨씬 복잡하다는 것이 드러났다. 노동계급은 2월혁명으로 제정을 전복하고 민주주의적 권리들을 일부 획득했다. 그러나 당시 눈앞에 존재하는 것은 노동자와 농민의 혁명 정부가 아니라, 한편으로는 노동자와 농민의 권력이, 다른 한편으로는 부르주아지의 권력이 서로 마주보고 있는 이중권력이었다. 레닌의 계획은 이런 상황을 상정하지 않았었다. 레닌의 전략은 부르주아 민주주의 정부를 세우는 데 노동자·농민과 부르주아지 양측이 공통의 이해관계를 갖고 있음을 강조했었다. 양측의 이익이 충돌하리라는 점은 간과했던 것이다.

1905년에는 트로츠키만이 그런 문제를 예측했다. 그의 해결책은 노동자와 농민이 부르주아지에 대항해 사회주의를 추구하는 방향으로 밀고 나아가는 것이었다. 러시아의 경제적 후진성이 문제가 될 것이다. 그러나 사회주의 혁명이 다른 나라들, 특히 독일로 확산된다면, 그 문제는 승리한 유럽 혁명의 도움을 받아 해결될 수 있을 것이다. 1905년 이런 사상은 '연속혁명론'으로 알려졌다.

이제 1917년 러시아 부르주아지가 전쟁을 지속하고, 노동자와 사병이 자신들의 이익을 위해서 전쟁에 반대해 싸우게 되고, 유럽 전체에서 혁명적 기운이 솟아나게 되자, 레닌은 결국 트로츠키의 견해에 동의하게 됐다. 레닌은 4월 초 러시아로 돌아오자마자 볼셰비키에게 '옛 볼셰비즘'을 포기해야 함을 확신시키기 위한 투쟁을 시작했다("4월 테제").

레닌의 새로운 입장의 핵심은 임시정부에 반대해야 하고 '모든 권력을 소비에트로'가 볼셰비즘의 목표이자 구호여야 한다는 것이다. 처음에 그는 다른 볼셰비키 지도자들의 지지를 전혀 받지 못했다. 오히려 많은 볼셰비키 지도자들이 레닌을 러시아 사정을 모르는 망명객 출신자, 정신 나간 사람, 아나키스트 등이라고 비난했다. 그러나 레닌의 입장이 볼셰비키 당원 다수의 지지를 얻는 데는 한 달이 채 안 걸렸다. 왜 그랬을까? 물론 볼셰비키 당에서의 레닌의 명성과 그의 주장의 일관성과 설득력이 중요한 요인이었다. 그러나 훨씬 강력한 요인이 작용했다. 레닌은 결코 혼자가 아니었다. 예컨대 페트로그라드의 비보르크 지구는 혁명 초창기부터 소비에트로의 권력 이양을 지지해 왔다. 비보르크는 가장 커다란 공장과 작업장이 있는 곳이며, 페트로그라드에서 가장 선진적이고 투쟁적인 노동자 지구였다. 시간이 지남에 따라 부르주아 정부와 그 정부의 전쟁에 대한 환멸이 확산됐고, 갈수록 많은 노동자들과 사병들이 부르주아 정부와 충돌하게 됨에 따라 비보르크의 급진성도 확산됐다. 일찍이 레닌의 입장을 지지한 루드밀라 스탈은 이렇게 말했다. "레닌의 구호들을 받아들인다는 것은 이제 삶 자체가 우리에게 암시하는 것을 우리가 행하고 있다는 것을 뜻합니다."

레닌은 4월 마지막 주 열린 볼셰비키 전국 대의원 대회에서 승리를 거뒀다. 그러나 그가 이길 수 있었던 것은 그의 견해가 가장 선진적이고 투쟁적인 노동자들의 실제 경험과 일치했기 때문이다.

"모든 권력을 소비에트로"

볼셰비키는 임시정부와 전쟁에 반대하는 새 노선을 채택함으로써 가장 투쟁적인 노동자·사병과 일체감을 느낄 수 있었다. 수십만 명이 임시정부와 정부의 전쟁 노력을 반대하는 방향으로 나아가고 있었다. 그러나 이런 전투성은 하나의 적극적 목적, 즉 '모든 권력을 소비에트로'에 맞춰져야 했다. 레닌은 볼셰비키가 이 점을 '참을성 있게 설명'해야 하고, 그럼으로써 노동계급의 다수가 소비에트로의 권력 이양을 지지하게 돼야 한다고 말했다. '모든 권력을 소비에트로'라는 구호는 열렬한 청중을 획득했다.

날이 갈수록 경제 상황이 악화됐다. 또, 전선의 참호에서 전사자가 계속 늘어났다. 정부는 열심히 지주들을 달래느라고 농민에게 토지 소유권을 부여하기를 거부하고 있었다. 핀란드 독립도 허용하지 않았다. 이에 소수민족들은 분노했다. 혁명이 소수민족의 민족자결 염원을 자극했던 것이다. 이 인기 없는 정부를 지지하는 온건 사회주의자들을 의심하는 노동자들이 늘어났다. 정부 지지가 소비에트 지지로 바뀌면서 소비에트 안에서도 멘셰비키에 대한 지지가 볼셰비키로 옮겨갔다. 오직 볼셰비키만이 임시정부를 반대하고 노동자 정부 수립을 주장했기 때문이다.

군대의 일부가 인내의 한계에 봉착했다. 징집당한 1500만 명 가운데 절반 정도가 죽거나 다치거나 실종됐다. 이미 2월 이전에 전체 군대의 기강이 무너지기 시작했고, 혁명은 이런 과정을 가속시켰다. 사병들은 전제정의 종식이 억압적 규율과 구타 같은 야만적 처벌의 종식도 수반해야 한다고 생각했다. 탈영과 항명이 급증한 나머지, 여전히 임시정부를 지지하고 있던 소비에트 지도부조차 러시아 군대가 유지되도록 하려면 양보 조처를 취해야만 한다고 봤다. 소비에트 지도부는 우선, 사병들에게 각 소대가 보유한 무기를 통제하는 사병위원회를 선출하라는 요지의 "명령서 1호"를 발행했다. 그리하여 군대 안에서도 이중권력이 발전했다. 그런데 민간인 삶에서와 마찬가지로 군대의 이중권력도 불안정해, 옛 제정 장교들과 사병들 사이에 통제권 장악을 위한 투쟁이 벌어졌다.

해군의 상황은 육군의 상황보다 훨씬 더 진전된 것이었다. 커다란 근대적 전함은 일개 부대라기보다는 공장 같은 것이었다. 그런 배를 움직이려면 집단적 조직과 엄밀하게 규정된 분업이 절대적으로 필요했다. 크론시타트와 헬싱키의 해군 요새는 볼셰비즘의 아성이었다. 두 요새의 수병들은 10월혁명에서 주된 구실을 하게 된다.

볼셰비키는 군대 안에서 선동하면서 민주적 통제 운동의 일환으로 장교 선출을 요구했다. 볼셰비키는 평화에 대한 염원을 부추겼고, 전선에서 독일 사병들을 우호적으로 대할 것을 주장했다. 그리고 그들은 이것의 정치적 의미가 영·프·러 동맹을 파기하지 않을 임시정부의 퇴진과 소비에트로의 권력 이양이라고 설명했다. 사병들 사이에서 볼셰비키 당원 수는 4월 6000명에서 6월 2만 6000명으로 늘어났다.

그러나 농민 속에서 볼셰비키의 영향력은 여전히 작았다. 볼셰비키는 농촌의 농민 운동에 막대한 잠재력이 있음을 인정했다. 그러나 볼셰비키는 농민의 정치적 전망이 모호함을 잘 알고 있었다. 지주에 의해 억압당하고 착취당하므로 빈농은 지주에 대항하는 행동을 할 수밖에 없다. 그러나 빈농은 또한 여전히 **소소유자이므로** 개인적 재산(토지) 소유에 집착한다. 따라서 농민과 농민의 정치적 대표자들은 노동자와 부르주아지 사이에서, 사회주의자와 자유주의자 사이에서 **동요할** 것이다. 농민을 지도해 노동자 운동을 따르게 하는 것은 혁명적 노동자 정당 — 볼셰비키 — 에 달려 있다.

1917년 2월혁명 후에는 이것이 점점 가능해졌고 필요해졌다. 탈영하거나 제대한 사병들의 급진성이 농민의 불만을 촉발했다. 지주에 대한 공격과 그들의 장원 저택에 대한 방화가 봄철 내내 급증했다. 농민 정당인 사회혁명당은 새로운 토지개혁 법령이 통과될 때까지 기다리라고 지지자들에게 요구했다. 그러나 농민의 참을성은 이미 바닥나 있었다. 아래로부터의 압력을 받은 사회혁명당은 좌파와 우파로 분열했다. 볼셰비키는 농민에게 기다리지 말고 그들 자신의 지역위원회들을 통해 토지 재분배에 착수하라고 촉구했다. 늦여름쯤에는 엄청나게 많은 농민이 볼셰비키의 조언을 따르기 시작했다.

산업노동자들은 2월혁명에 힘입어 갈수록 자주 임금 인상 파업을 벌였고, 그래서 점점 더 많은 노동자들이 자신들의 공장위원회를 설립하고 고용과 해고에 대한 통제권을 요구했고, 이를 더욱 확산시켜 경영에 대한 통제권을 요구했다. 볼셰비키는 이런 운동을 전폭 지지했고, 공장 관리를 소비에트를 통해 사회 전체에 대한 통제로 연결시켰다. 공장위원회 내 볼셰비키의 영향력은 급증했다.

4월과 7월 사이에 볼셰비키는 전쟁 종식 요구, 농민의 토지 요구, '모든 권력을 소비에트로' 이양하라는 요구에 바탕을 두고 거의 모든 곳에서 세력이 확장됐다. 그러나 이런 성장은 불균등했다. 전함, 일부 군부대 그리고 페트로그라드의 대공장에서는 볼셰비키의 영향력이 우세했지만, 러시아 전체에서는 그러지 못했다. 다른 한편, 새로 급진적이 된 부분은 인내심을 잃어 가고 있었다. 그들은 임시정부를 타도해야 한다는 생각에 이르러 즉각 실행하기를 원했다. 이런 (불균등한 의식이 조성하는) 상황은 볼셰비키에게 몇몇 첨예한 전술 문제들을 제기했다. 볼셰비키가 눈부신 속도로 성장하고 있었고 다수를 지도할 수 있게 된 지역의 당 조직 지도부는 권력 장악 요구에 귀를 기울이기 시작했다. 그런 지역들 가운데 하나가 페트로그라드였다.

4월 중순 밀류코프 외무 장관은 승리할 때까지 전쟁을 계속하겠다는 요지의 서한을 동맹국들에 보냈다. 그러자 페트로그라드에서 분노와 흥분이 폭발했다. 2만 명이 넘는 사병들이 무기를 들고 행진하는 길에 노동계급 지구들을 들러 (즉각적인 정부 타도를) 선동했다. 6월 중순에도 전쟁 노력 지속 소식이 사병들을 분노하게 만들었다. 전쟁 노력의 지속 때문에 분통이 터진 노동자와 사병이 가한 압력이 하도 컸던 나머지, 페트로그라드 소비에트의 지도자들이 자기들 자신의 시위를 조직할 수밖에 없었다. 그러자 이 시위에서 볼셰비키의 구호들과 지지자들이 압도적으로 우세했다. 전쟁 노력 지속에 반대하는 대중 운동은 몇 주 동안 계속돼, 거의 50만 명의 노동자와 사병이 완전 무장한 채 소비에트로의 권력 이양을 요구하는 배너들과 플래카드들을 들고 벌인 대규모 시위로 절정에 달했다. 그러나 소비에트 지도자들은 임시정부 내의 자기 친구들과 결별하고 싶은 마음이 없었다.

레닌은 이들의 정서를 거슬러 인내를 요구했다. 볼셰비키 지도부는 노동자들의 우측에 있어야 했다. 볼셰비키 지도부가 시위를 조직했던 것은 사실이다. 하지만 그들은 또한 자제도 요구했다. 무장 시위를 하지 않는 것이 더 현명한 일이라고 설득하거나 심지어 그에 반대해야 했고, 심지어 '임시정부 타도' 같은 구호들에도 반대해야 했다. 그런 구호들은 장기적으로는 올바른 것이지만 당면 상황에서는 즉각적 권력 장악 요구로 해석될 소지가 있었다. 그리고 그런 즉각적 권력 장악 시도는 치명적일 것이다. 왜냐하면 페트로그라드와 그 밖의 한두 산업·군사 중심지를 제외한 나머지 지역에서 볼셰비키는 아직까지 비교적 소수였기 때문이다. 당내 급진주의자들의 주장대로 노동자들은 페트로그라드에서는 별다른 어려움 없이 권력을 잡을 수도 있었다. 그러나 러시아 다른 지역의 사태 전개는 이보다 훨씬 뒤져 있었다. 그런 상황에서 수도에서만 봉기가 일어난다면 그것은 아주 빨리 고립돼 분쇄당했을 것이다. 레닌의 말대로 그것은 또 하나의 파리 코뮌이 될 터였다. 이것은 노동자가 권력을 쟁취한다는 좋은 의미에서가 아니라, 혁명이 러시아의 다른 지역으로부터 고립되고 분쇄돼 피바다를 이룰 것이며 노동자 운동은 아마도 30년은 후퇴할 것이라는 최악의 의미에서였다. 여전히 볼셰비키는 이런 미성숙한 조건과, 따라서 탄탄한 준비의 필요성을 '참을성 있게 설명'해야 했다.

페트로그라드 노동자들과 사병들이 때 이른 행동을 삼가도록 최선의 노력을 다한 볼셰비키는 시위 종식을 요구했다. 볼셰비키는 아직 군대에서는 결정적 영향력을 미치지 못하고 있었지만 페트로그라드 노동자들 사이에서는 결정적 영향력을 미치고 있었으므로 설익은 무장봉기를 상당히 억제할 수 있었다. 그럼에도 7월에 노동자들의 분노와 좌절감이 폭발해, 무장한 노동자 수천 명이 소비에트에 권력 장악을 강요하려고 시위를 벌였다.[4] 특히, 페트로그라드 비보르크 지구 노동자들은 임시정부를 무너뜨리려고 했다. 볼셰비키 지도부는 참을성 없는 그 지역 당원들을 제지해야 했다. 이런 후퇴는 필요했다. 그러나 모든 후퇴는 대가를 치러야 한다.

반동의 공세

7월의 조급한 봉기 이후, 정부는 자신감을 얻고 민중의 후진적인 부분의 지지를 끌어모아 좌파에 대한 대규모 공세를 개시했다. 숨어 있던 반동 세력들이 모두 다시 나타났다. 혁명이 지속되는 것처럼 보일 때 그들은 지하에 숨어 있었고, 많은 경우에 당원증을 얻어 사회혁명당원 행세를 하고 있었다. 이제 반동 세력은 볼셰비키의 외관상의 고립과 인기 저하 그리고 6~7월의 대규모 시위들 뒤에 생겨난 정치적 혼동과 실망을 한껏 이용하려 했다. 7월 12일에는 전선에서 사형제도가 부활됐다. 탈영 사병은 사형당했다. 군 장성들은 여기에서 머물지 않으려 했다. 그들은 사병위원회들도 전부 해산시키려 했다. 그러나 그런 시도를 실행하지는 못했다. 왜냐하면 장군들은 사병들이 반란을 일으켜 지휘관들을 사살할까 봐 두려워했기 때문이다. 산업에서는 기업주들이 노동자 통제(관리) 운동을 뒤로 밀쳐 내고 자기들이 마음대로 고용하고 해고할 '권리'를 되찾으려 엄청난 노력을 기울였다. 그리하여 직장폐쇄가 일상사가 됐다.

임시정부는 레닌이 독일에서 자금을 받는 간첩이라고 중상모략을 일삼으면서 볼셰비키와 특히 레닌에 대한 필사적인 마녀사냥을 했다. 많은 노동자들과 사병들이 임시정부의 이런 주장을 사실로 믿었고, 그래서 몇 주 동안 사정이 나빠졌다. 볼셰비키 신문은 폐간당했고, 많은 볼셰비키 지도자들이 체포당했다. 레닌이 살해당할 위험에 처하자 볼셰비키는 그를 핀란드로 도피시켰다. 트로츠키는 체포됐다. 볼셰비키는 박해받고 체포됐으며 일부는 살해당하기도 했다. 이 때문에 페트로그라드에서 당과 당의 지위는 약화됐다. 그러나 당 조직이 완전히 파괴되지는 않았다. 볼셰비키의 진정한 기초는 공장에, 특히 페트로그라드에서 가장 중요한 산업인 금속 노동자들 사이에 있었기 때문이다. 그곳에서 백색 테러는 불가능했다. 그럼에도 이 엄청난 반동은 당의 영향력을 엄청나게 축소시켰다. 페트로그라드 소비에트의 가장 출중한 대변자인 트로츠키가 수감됐다. 다른 사람들은 레닌처럼 은신하거나 완전히 고립된 상태에 있었다.

누가 볼셰비키에 대한 마녀사냥을 주도했는가? 그것은 바로 소비에트에서 다수를 차지하고 있던 멘셰비키와 사회혁명당 지도자들이었다. 이때 임시정부는 사실상 붕괴했다. 당시 임시정부 수반 리보프 공은 스웨덴으로 도망쳤다. 사회혁명당과 멘셰비키 지도자들은 각료직을 떠맡지 않을 수 없었다. 그들은 그러고 싶지 않았지만 그렇게 할 수밖에 없었다. 우연한 기회에 변호인으로 노동계급과 관련을 맺었던 케렌스키가 이들을 이끌었다. 혁명이 일어나기 전에 그는 정치범으로 기소된 몇몇 투사들을 변호한 적이 있었다. 이 중립적인 인물은 멘셰비키와 사회혁명당 지도자들의 강력한 요청으로 정부 수반이 됐다. 이들의 신념에 따르면 러시아 혁명은 부르주아지의 혁명이어야만 했고 어떤 경우에도 노동계급은 권력을 잡아서는 안 되는 것이다. 실제로 그 전까지 이들은 어떤 경우에도 정부에 입각해서는 안 되며 자신들은 부르주아지에게 압력을 넣는 야당으로 남아 있어야 한다고 주장했다. 그러나 태도를 바꿔 여름에 그들은 러시아 자본가계급의 대표들인 카데트가 권력을 잡아야 한다면서 정부에 입각했다. 이제 그들은 스스로를 완전히 저당 잡힌 셈이었다. 그들이 기대한 케렌스키의 정치적 구실은 복잡한 중재 활동을 시도하는 것이었다. 케렌스키는 장군들을 회유해야 하는 한편, 수많은 노동자·사병·농민 덕분에 자리를 차지한 소비에트의 '사회주의' 지도자들의 신임을 계속 받아야 했다. 이런 사정 때문에 케렌스키의 운신의 폭은 좁았다. 위기가 심화돼 장군들이 점점 더 많은 것을 요구하자 케렌스키도 오른쪽으로 움직일 수밖에 없었다.

그 결과 볼셰비키에 대한 마녀사냥은 멘셰비키와 사회혁명당 지도자들이 애당초 의도했던 것보다 범위가 훨씬 확대됐다. 권력 장악도 겁냈지만 통제력 상실도 겁낸 소비에트 지도부의 온건 사회주의자들은 정부에 충성하는 군부대를 페트로그라드로 불러들여 혁명적 군부대의 무장을 해제시켰다. 옛 지배계급의 일부가 "강력한 지도자"를 요구하기 시작하자 케렌스키는 그들의 구미에 맞는 행동을 하고 싶어, 라브르 코르닐로프 장군을 군 총사령관의 지위에 임명했다.

운동 세력의 회복과 군부 쿠데타

그러나 반동은 부분적이고 일시적으로만 승리했다. 노동자들과 사병들의 운동이 너무 강했기 때문이다. 레닌과 그의 동지들을 간첩으로 몰아붙인 중상모략의 첫 충격이 가시자 볼셰비키 조직은 심각한 손상을 받지 않고 다시 떠올랐다. 이미 7월 말 이전부터 볼셰비키는 자신의 세력을 재건하기 시작하고 있었다.

8월경 러시아 군대의 공격이 패배하고 21일 발트해 연안의 리가 요새가 독일군에게 점령당했다. 북부 전선이 완전히 붕괴될 위험에 처하자 페트로그라드 자체도 위험한 지경이 됐다. 사병들의 반란 분위기는 남서부 전선의 군대로 급속히 확산됐다. 기업주들의 직장폐쇄 운동도 실패했고, 수많은 농민들이 토지를 장악했다. 이런 상황에 처하자 반동적 장군들과 지배계급의 일부는 아직 행동할 여력이 남아 있을 때 혁명을 분쇄하기 위한 조처를 즉각 취해야 한다고 확신했다. 제정 지지자이자 우익이며 여전히 고위 국가관료인 군 장성들은 멘셰비키가 통제하는 페트로그라드 소비에트를 관용할 수 없었다. 그들 생각으로는 멘셰비키도 빨갛고 적어도 빨간 물이 들어 있기 때문에 없애 버려야 한다는 것이다.

이제 코르닐로프는 수도를 그가 손수 지휘하는 군사통치 아래 두는 문제를 놓고 케렌스키와 협상을 벌이기 시작했다. 그러나 코르닐로프와 그의 지지자들은 이것으로 만족하지 않았다. 그들은 치고의 권력, 즉 혁명운동을 무력으로 탄압하고 옛 질서를 회복하기 위해 자기들 마음대로 해도 좋다는 백지수표를 원했다. 그들은 군사 쿠데타를 모의하기 시작했다. 코르닐로프 주위로 반동 세력들이 모두 결집했다. 케렌스키를 포함한 임시정부 각료들은 코르닐로프가 성공하기를 은근히 바랐다. 그들은 군부 독재를 통해 군대 내 질서를 회복하고, 농민의 토지 장악을 중단시키고, 노동자들에게 규율을 강제하고, 무엇보다도 볼셰비키를 제거해 버리기를 바랐다.

그러나 이것은 사회혁명당과 멘셰비키에게 한 가지 문제를 안겨 줬다. 그것은 바로 코르닐로프가 집권하게 되면 자기들도 강제수용소나 교수대로 보내질 것이라는 점이다. 그래서 마지막 순간에 가서 케렌스키는 용기를 내지 못하고, 결국 코르닐로프의 음모를 공개 폭로·비난하고 그를 총사령관직에서 해임한다는 성명을 발표했다.

그러나 이미 때는 늦었다. 고위 장성들과 대기업들이 자신을 지지한다는 확신이 있던 코르닐로프는 8월 말 군대를 이끌고 페트로그라드로 진격했다. 코르닐로프의 위협에 직면하게 되자 사회혁명당-멘셰비키 진영은 동요하기 시작했다. 그리하여 일부 지도자들은 소비에트와 군사혁명위원회에 속해 있던 반면 다른 지도자들은 코르닐로프와 은밀히 제휴하고 있는 기괴한 상황이 연출됐다. 그들 내부 좌파의 주도로 소비에트는 우익 쿠데타를 막기 위한 군사혁명위원회를 세웠다. 그래서 볼셰비키와의 협상이 제안됐다.

볼셰비키는 올바르게도 이에 즉각 응했다. 케렌스키에 의해 불법 상황으로 내몰리고 독일 간첩이라는 중상모략을 당한 볼셰비키가 이제 그를 방어하기 위해 일어섰다! 왜냐하면 코르닐로프 쿠데타는 케렌스키 자신이 아니라 소비에트(그 지도부가 케렌스키의 방패막이 노릇을 하고 있던)를 겨냥한 것이었기 때문이다. 볼셰비키는 소비에트의 운명이 위태로운 상황에서 중립을 지킬 수 없었다. 그들은 코르닐로프에 맞서 싸워야 했다. 이는 케렌스키의 어깨 너머에 있는 노동자·사병에게 이렇게 말한 셈이다. '정부가 반혁명에 추파를 던지려 한다면 폭로해야 한다. 그러나 당장의 위험은 코르닐로프다. 노동계급은 코르닐로프의 반혁명 기도를 패퇴시키기 위해 온 힘을 다해야 한다. 우리는 기꺼이 공동전선의 일부가 될 것이다. 왜냐하면

크론시타트 수병들이 코르닐로프 반혁명 군대에 맞서 페트로그라드를 방어하기 위해 행진하고 있다(1917년 8월).

코르닐로프야말로 당면한 주적主敵이기 때문이다.' 볼셰비키는 케렌스키에게 노동자의 무장을 허용하라고 요구했다. 소비에트 지도자들에게도 노동자들의 무장을 요구했다. 그들은 주저하다가, 코르닐로프가 점점 더 가까이 진군해 오자 마지못해 그렇게 하기 시작했다. 대체로 페트로그라드 수비대는 사회혁명당의 이념을 받아들이고 있었으며 그래서 정치적으로 후진적이었다. 하지만 이것이 코르닐로프를 묵인하는 것일 수는 없었다.

그러나 코르닐로프에 대항한 케렌스키와의 공동 행동이 케렌스키를 지지하는 것으로 미끄러질 수는 없었다. 레닌이 숨김 없이 말했던 것처럼, '우리는 케렌스키를 지지하지 않으며 단지 코르닐로프에 맞서 같은 편에서 싸우고 있을 뿐이다.' 요컨대 볼셰비키는 동시에 두 개의 전선에서 두 가지 방법으로 싸워야 했다. 즉, 무기와 바리케이드를 이용해 코르닐로프와 싸워야 했고, 말로써 케렌스키와 싸워야 했다. 즉, 노동자의 무장, 기업주들의 사보타주(생산 방해)를 멈추기 위한 노동자 통제, 농민에게 토지 양도, 반동에 대항하는 투쟁에서 대중의 열정과 참여를 증대시키기 위한 조처들 등을 요구하면서 말이다.

이런 요구에 따라 공장에서 전투부대가 결성됐고, 철도 노동자들은 코르닐로프 군대를 저지하기 위해 철로를 들어내 바리케이드를 쌓았다. 주요 역마다 소비에트가 있었고 철도노동자위원회와 군사위원회가 있었다. 공장위원회들을 통해 볼셰비키는 4만 명의 노동자들을 적위대로 조직할 수 있었다. 모든 곳에서 볼셰비키는 쉬지 않고 선동과 조직 활동을 벌였다. 전신 노동자들은 소비에트와 각 위원회에 모든 사건, 모든 이동, 모든 변화를 계속 알려 줬다. 또한 코르닐로프의 명령이 전달되는 것을 방해하고 지연시켰다. 가능한 곳에서 어디서든 볼셰비키는 이런 조처들을 직접 실행하거나 일상적 대중조직에 그렇게 하도록 압박을 가했다.

이런 저항에 부딪혀 반혁명 쿠데타는 완전히 실패했다. 코르닐로프는 노동자 측의 강력한 방어, 사병 대중으로부터의 고립, 그리고 철도 노동자들의 군대 이동 방해에 직면해 실패했고, 용케 탈출했다.

그런 **공동전선** 전술을 통해 볼셰비키는 코르닐로프 쿠데타를 확실히 분쇄했을 뿐 아니라, 자신의 혁명적 노력·열정을 정부와 정부를 지지하는 '사회주의자들'의 소심함·미온성과 대비시킬 수 있었다. 위기의 나흘 동안 멘셰비키와 사회혁명당의 신뢰도는 곤두박질했다. 우익 군사 쿠네타를 패퇴시킴으로써 볼셰비키는 권력 장악의 문턱에 올라서게 됐다.

모든 진정한 혁명의 핵심적 특징은 보통 때는 수동적이던 수많은 대중이 생애 처음으로 행동에 뛰어들고 생각이 급진적이 된다는 점이다. 코르닐로프가 지휘하던 사병들도 1917년 러시아에서 이 같은 변화를 겪은 사람들에 포함된다. 사병들은 노동자들에 맞서 싸우려 하지 않았다. 그들은 볼셰비키 당원이 아니었다. 그들은 대개 사회혁명당의 영향을 받고 있었으며, 대부분 농민 출신 징집병들이었다. 그러나 그들은 볼셰비키의 슬로건 — 평화·토지·빵 — 에 진정으로 공감했다. 이것은 아주 멋진 강령으로 보였다. 전쟁이 끝나고 군대를 제대해 토지로 돌아간다는 평화 구호는 정말로 마음에 쏙 들었다. 그래서 코르닐로프의 군대는 와해됐다.

그러나 잊지 말아야 할 것은, 페트로그라드에서 볼셰비키의 선동에 공감한 대규모 정치적·군사적 반대가 없었다면 코르닐로프의 군 병력은 결코 와해되지 않았을 것이라는 점이다. 7월에 당이 불가피하게 후퇴하기로 했을 때 페트로그라드에서도 대규모로 우경화가 일어났다. 그러나 이제, 쿠데타가 좌절되고 임시정부의 각료들이 코르닐로프 쿠데타를 묵인한 사실이 밝히 드러나자 정반대로 대규모 좌경화가 일어났다. 볼셰비키에 신입 당원들이 대거 입당했으며, 이보다 더 중요한 사실은 볼셰비키의 슬로건이 주요 소비에트 대회들에서 다수의 지지를 얻기 시작했다는 것이다.

이제 볼셰비키는, 레닌의 촉구로 그들이 4월에 했고 심지어는 7월에도 했던 주장으로 되돌아갔다. 즉, 소비에트(노동자 소비에트와 사병 소비에트)에 기반을 둔 정부가 수립돼야 하고, 소비에트에서 다수를 차지하는 정당들이 권력을 잡아야 한다고 주장했다. 만일 자신들이 소수파가 된다면, 소비에트에 기반을 둔 정부와 모든 쟁점에서 의견을 달리한다 할지라도 야당으로 충실히 남아 있을 것이며 그 정부에 맞서 결코 무력에 호소하지 않겠다고 약속했다. 볼셰비키가 이랬던 이유는, 특히 대중의 의식이 급격히 바뀌는 혁명 상황에서 사회혁명당과 멘셰비키의 지도자들이 정치적으로 부패했다는 점을 대중에게 입증하는 것이 여전히 매우 중요하다고 봤기 때문이다. 사회혁명당과 멘셰비키 지도부는 자유주의적 자본가들에게 집착하고 있었다. '농민에게 토지를 분배해야 한다. 그러나 동지들, 우리는 아직 그렇게 할 수 없다. 우리는 단결해야 한다. 우리는 자유주의적 자본가들과 함께해야 한다. 여러분은 앞으로 제헌의회가 소집돼 모든 문제를 해결해 줄 때까지 기다려야 한다.' 이것이 온건파 사회주의자들의 주장이었다.

볼셰비키가 다수파가 되다

8월 31일 볼셰비키는 페트로그라드 소비에트 대회에서 다수를 차지했다. 페트로그라드 소비에트는 볼셰비키가 내놓은 결의안 — 소비에트의 다수당들이 권력을 잡아야 한다는 주장 — 을 통과시켰다. 그리하여 구 집행부가 퇴장하자 새로 선거가 실시됐으며, 이 선거에서 볼셰비키는 처음으로 페트로그라드 소비에트에서 실질적 다수를 차지하게 됐다. 트로츠키가 의장으로 선출됐다. 그는 1905년 혁명 시기에 이어 두 번째로 의장직을 맡은 셈이었다. 많은 대의원들이 볼셰비키에 입당했다. 그러나 가장 중요한 사실은, 이전에는 확고부동하게 사회혁명당에 투표했던 사병 대표들이 대거 사회혁명당에서 이반해 볼셰비키의 입장에 찬성표를 던진 것이었다.

9월 5일에는 모스크바 소비에트를 볼셰비키가 이끌게 됐다.

9월 중순에는 키예프와 바쿠, 핀란드, 대부분의 산업 중심지의 소비에트들에서도 볼셰비키가 다수를 차지했다. 과거에는 사회혁명당-멘셰비키 진영의 통제를 받았던 이 지역 소비에트들은 볼셰비키의 입장을 채택하고, 대부분 이전 지도부를 투표를 통해 축출했다. 볼셰비키 당원은 25만 명으로 늘어났다.

훨씬 더 중요한 사실은 9월 10일 핀란드 소비에트의 전국 대의원 대회가 열려 여기에서도 압도 다수의 지지로 볼셰비키의 입장이 통과된 것이다. 이틀 뒤 발트해 함대 소비에트 연맹은 대회를 지연시키려는 지도부에 맞서 대회를 개최했다. 대의원 731명 가운데 임시정부 지지자들은 겨우 42표만을 얻을 수 있었다. 그 나머지는 볼셰비키와 사회혁명당 좌파에 가세했다.

봉기를 향해

이중권력 상황에서 형성된 긴장 상태가 점점 더 참을 수 없는 지경에 이르고 있음이 더욱 분명해졌다. 임시정부는 권위를 다 잃었다. 소비에트는 급속히 좌경화하고 있었다. 가장 중요한 소비에트들은 이미 볼셰비키 편으로 넘어왔다. 심지어 볼셰비키가 공식적으로 다수를 차지하지 못한 소비에트들에서도 볼셰비키는 자신의 입장을 통과시킬 수 있었다.

이런 급변하는 상황을 의식해서 레닌은 9월 12일과 14일 사이에 핀란드의 도피처에서 '볼셰비키는 권력을 장악해야 한다'는 제목으로 된 일련의 긴급한 편지들 가운데 처음 것을 볼셰비키 중앙위원회에 보냈다. 거기서 그는 볼셰비키에 입장을 전환하라고 강력히 주장했다. 그때까지 볼셰비키의 입장은 소비에트 내 다수당들이 권력을 잡도록 압박을 가하는 것이었다. 이제 레닌은 당면한 임무가 페트로그라드와 모스크바에서 무장봉기를 조직해 무력으로 정부를 전복하고 권력을 장악하는 것이어야 한다고 주장했다.

중앙위원회는 레닌의 제안을 거부했다. 9월 16일에는 레닌의 제안을 부결시켰을 뿐 아니라, 미래에 레닌의 편지가 국가에 의해서 자기들에게 불리하게 사용될 경우에 대비해 그 편지를 태워 버리기로 했다. 볼셰비키 국내 지도부로부터 반응이 없자 이제 서간의 논조는 노기가 어렸다. 마침내 레닌은 핀란드에서 빠져나와 페트로그라드에 잠입했다. 그는 여전히 모습을 공공연히 드러낼 수 없어서 지하에 있었다. 레닌은 국가 권력 문제와 그것을 지체 없이 장악하는 것의 결정적 중요성에 관한 팸플릿과 논설과 편지 폭탄을 당 전체에 퍼부었다.

그리하여 봉기 문제가 당내에 위기를 불러일으켰다. 중앙위원회는 크게 둘로 분열됐다. 오른쪽에는 지노비예프·카메네프·스탈린이 있었고, 왼쪽에는 페트로그라드 소비에트 의장인 트로츠키, 당 사무총장 스베르들로프, 그리고 비록 덜 확고하기는 했지만 모스크바의 핵심 지도자인 부하린이 있었다. 좌파는 봉기할 때가 됐다는 데 동의했다. 반면 우파는 시기가 부적절하다고 주장했다. 그들은 급진화 과정이 심화되고 있으므로 그것을 고무하고 현재의 노선을 유지하는 것만으로도 커다란 다수파가 될 수 있으며, 구체적으로 제헌의회에서 승리할 수 있을 것이라고 주장했다. 레닌은 당이 더는 7월에 그랬던 것처럼 페트로그라드에 고립돼 있지 않다고 주장했다. 볼셰비키는 노동자 다수파의 지지를 얻었고, 이들은 상당수 농민의 지지를 받고 있다는 것이다. 정부는 군대 안에서 전혀 기강을 회복하지 못했다. 왜냐하면 사병들이 이제는 전쟁과 원시적 복무 조건들과 처벌을 증오할 뿐 아니라, 장교들이 코르닐로프와 코르닐로프가 추구하는 것 일체를 지지한다는 것을 알았고, 그래서 케렌스키가 가혹 행위 처벌에 관한 엄포를 놓게 만들 정도로 장교들에게 린치를 가했기 때문이다.

대중의 지지를 받는다는 자신의 주장을 입증하기 위한 최후 발악적 시도로써 케렌스키 정부는 아주 교묘하게 비민주적인 '민주협의회'를 소집했다. 그러나 볼셰비키 중앙위원회는 이런 속이 빤히 들여다보이는 수작을 거부하며 직접적 권력 투쟁을 조직하지는 않고 오히려 거기에 대표를 파견했다. 당연히 그들이 보낸 대표는 며칠 동안 쓸모없는 토론으로 시간을 허비하고 말았다. 그런 행동은 혼란만을 자아냈다. 볼셰비키 중앙위원회는 무장봉기를 설득할 생각은 엄두조차 내지 않고 뒷걸음하고 있었던 것이다.

트로츠키의 강력한 지지를 받은 레닌은 '민주협의회'와 그 후신인 '예비의회'에 참여하는 것에 반대해 몇 주 동안 참여론자들과 싸웠다. 레닌의 반론 요지는 대강 이랬다. '대중의 급진화가 무한정 계속될 것이라는 [참여론자들의] 전망은 잘못됐다. 경제가 추락하고 붕괴하고 있어서 페트로그라드를 비롯한 산업 중심지들의 가장 투쟁적인 노동자들이 자신감을 더해 가고 있다는 것도 맞지 않다. 오히려 그들은 점점 더 회의적이 되고 있다. 우리는 지금 행동해야 한다. 그러지 않으면 우리는 기회를 놓칠 것이다.' 결국 10월 5일 볼셰비키 중앙위원회는 케렌스키가 제안한 협의체에 불참하는 것에 동의했다.

그러나 봉기의 실행 여부와 관련해서는 여전히 당의 보수적 요소들이 작용하고 있었다. 볼셰비키의 선임 당원들은 거의 다 봉기에 반대했다. 두 종류의 반대가 있었다. 한편에는 단순히 봉기에 반대한다고 말하는 지노비예프류가 있었고, 다른 한편에는 모든 조직에서 발견할 수 있는 종류의 보수성이 있었다. 후자의 부류는 이렇게 말했다. '당신의 말에도 일리가 있지만 아직 시기가 무르익지 않았어. 그리고 우리에게는 충분한 당원도 확보돼 있지 않은 상태야.' 이런 두 경향이 결합돼 가하는 하중은 상당한 것이었다.

그 결과 10월 8일 카메네프와 지노비예프는 볼셰비키가 봉기를 추진하고 있음을 분명히 언급하며 봉기를 공공연히 비난하는 논설을 당 신문이 아닌 다른 신문에 발표했다. 레닌은 격분했다. 그는 이들을 파괴자로 규정하고 당에서 축출할 것을 요구했다. 카메네프와 지노비예프는 중앙위원회에서 사임하겠다고 했다. 그들의 사임은 5대 3의 표결로 가결됐으나, 그들의 출당은 만장일치로 부결됐다. 이것은 사임 찬반 투표에서 그들 자신이 찬성표를 던졌기 때문이다.

어쨌든 이 두 사람이 중앙위원회에서 사라짐으로써 레닌은 이제 다수파가 됐다. 장장 10시간이나 계속됐던 10월 10일 중앙위원회 회의에서 원칙적으로 봉기에 찬성한다는 결정이 내려졌다. 마라톤 회의를 마치고 나서 중앙위원회는 "무장봉기가 불가피하며 그 시기가 다가왔다"는 것을 인정하는 결정문을 통과시켰다.

그러나 그때조차 일부 중앙위원들은 그 결정을 별것 아닌 것으로 취급했다. 소콜니코프는 "그것을 행동 명령으로 해석할 이유가 없다"고 했다. 대체로 말해 지도부는 행동하기를 꺼렸다. 그러나 망설임과 타성은 당의 최고 수준에만 국한된 현상이 아니었다. 봉기의 세부 계획이 논의되기 시작하자 페트로그라드 지구들에서 활동하는 볼셰비키 지도자들의 대부분은 봉기에 대한 의욕을 거의 보이지 않았다. 7월 봉기 때 너무 참을성이 없었던 그들은 성급함 때문에 생기는 잘못이 무엇인가에 대한 교훈을 너무 잘 익혀서 이제는 지나치게 신중해졌고, 그래서 수도의 노동자들과 사병들의 정서를 비관적으로 보고했다.

봉기는 패자가 모든 것을 잃는 엄청난 도박이다. 따라서 볼셰비키의 많은 지도자들이 때가 왔을 때 그런 운명을 걸고 도박을 벌이는 것을 두려워한 것은 그리 놀랄 일이 아니다. 그러나 대중의 정서에 대한 그들의 비관적 평가는 단순히 책임 회피나, 어렵게 배워 익힌 국가 권력 장악에 대한 신중한 태도 때문만은 아니었다. 노동자들은 실제로 **마음이 내키지 않는** 상태였다. 그래서 그들은 거리로 쏟아져 나오지도 않았다. 왜냐하면 트로츠키가 지적하듯이 이런 결정적 시기에는 "폭풍 전야의 평온함"이 찾아오는 법이기 때문이다. 즉,

⋯ 대중의 혁명적 분위기가 점차 증대하고 심화되며 불안정한 상태로 가고 있다. 대중은 신뢰할 수 있는 지도부를 고대하고 있다. 특히 자신들이 그동안 잘못을 저질러 패배해 왔을 경우에는, 그들은 우리가 자신들을 지도할 수 있고 지도할 것이며, 결정적 전투에서 자신들이 승리를 얻을 수 있다는 확신을 갖고 싶어 한다. ⋯ 프롤레타리아는 이렇게 말한다. ⋯ 이제 파업과 시위, 여타의

항의 행동을 통해 얻을 수 있는 것은 하나도 없다. 이제 우리는 싸워야 한다.

무장봉기의 실행 주체를 둘러싼 논쟁

10월 10일의 중앙위원회 회의에서 봉기 실행이 결정되긴 했지만, 봉기를 당이 조직할 것이냐 소비에트가 조직할 것이냐는 문제도 동시에 제기됐다. 이 문제를 놓고 레닌과 트로츠키는 오랜 시간 날카로운 논쟁을 벌였다. 레닌은 무장봉기를 당이 조직해야 한다고 주장했다. 반면 트로츠키는 봉기를 당이 조직해서는 안 된다고 주장했다. 트로츠키와 스베르들로프는 페트로그라드의 실제 분위기를 훨씬 더 잘 파악할 수 있는 처지에 있었다는 점에서 레닌보다 유리했다. 레닌은 여전히 은신 중이었으며, 따라서 대중의 정서를 그들과 마찬가지로 판단할 수는 없었던 것이다. 트로츠키는 대중은 소비에트를 방어해 봉기할 것이지, 볼셰비키가 요구하고 조직해 봉기하지는 않을 것이라고 주장했다. 그날 중앙위원회 회의는 결론을 내리지 못했다. 페트로그라드와 그 밖의 다른 여러 곳에서 수많은 토론 집회가 열렸고, 혁명을 원하고 또 두려워하지 않는 사람들의 일반적 정서는 때가 왔다는 것이었다. 하지만 당이 조직해서는 혁명이 일어나지 않을 것이었다.

오랫동안 당을 지도한 레닌은 당이 채택해야 하는 전략과 전술에서 거의 틀리지 않았다. 그러나 9월과 10월 그는 볼셰비키가 기회를 놓치고 봉기의 책임을 회피할지도 모른다고 너무 걱정한 나머지, 당에 속하지 않은 어떤 기구도 결정적 공격을 할 수 있다는 생각에 반대했다. 당시에 당이 페트로그라드 소비에트의 이름으로 국가 권력을 장악하는 것이 결정적으로 중요함을 가장 잘 이해한 사람은 바로 트로츠키였다. 왜냐하면 볼셰비키 혼자서 그럴 수 있는 것보다 소비에트는 훨씬 더 많은 노동자들의 지지에 기댈 수 있기 때문이다.

레닌은 트로츠키의 주장을 즉시 받아들이지는 않았다. 며칠 뒤이자 봉기 닷새 전에 트로츠키는 페트로그라드 소비에트 의장이라는 자신의 지위를 이용해 코르닐로프 쿠데타 이후 사라졌던 군사혁명위원회를 재건한다. 이때 비로소 레닌은 트로츠키의 취지를 이해하게 됐고, 자신의 입장을 바꿨다.

군사혁명위원회의 목표는 방어적이었다. 즉, 트로츠키는 군사혁명위원회가 케렌스키와 코르닐로프 동조자들의 음모에 맞서 소비에트를 방어해야 한다고 주장했다. 이중권력 상황이 날이 갈수록 불안정해지고 있었기 때문에, 좌익이 동요한다면 우익으로부터 또 한 번의 쿠데타가 시도될 것이었으므로, 트로츠키의 주장은 결코 부정직한 것이 아니었다. 이런 상황 인식을 근거로 트로츠키는 소비에트 내에서 압도적인 지지를 얻을 수 있었다. 페트로그라드 소비에트는 군사혁명위원회를 승인했다. 페트로그라드와 그 주변에 주둔하고 있는 15만 명의 사병들이 이 제안에 자극받아 소비에트에 대한 충성을 다짐했다는 점에서도 이 다수의 지지는 아주 중요한 것이었다. 페트로그라드 소비에트 군사혁명위원회는 그 도시 부대의 지도부로, 선거로 구성됐다.

트로츠키의 촉구로 소비에트 지도자들은 이렇게 선언했다. "앞으로 군사혁명위원회 공인 대표의 추인 없이는 정부 지휘관의 어떤 군사 명령에도 복종하지 않을 것이다." 트로츠키는 소비에트 지도자들이 이 성명서를 통과시킬 수 있으리라고 예상했으며 실제로 그들은 그렇게 했다. 군사혁명위원회도 자신이 서명하지 않은 명령서는 모두 거부하라고 모든 부대에 지시했다. 이것은 정부에 대한 직접적이고도 도발적인 도전이었다.

결국 임시정부는 용기를 내 '친위쿠데타'를 일으키기로 했다. 북서부 전선과 기타 지역의 신뢰할 수 있는 부대들을 불러들이기로 했다. 그리고 10월 24일을 거사일로 정했다. 그날 군사혁명위원회와 페트로그라드 소비에트를 분쇄할 작정이었다. 정부는 그래도 휘하에 많은 부대 — 믿지 못할 보병 사단, 사관학교 생도들, 심지어는 여군 연대의 지원병 대대까지 — 를 거느리고 있었다. 페트로그라드 수비대와 맞선다면 턱없이 열세

이지만 상대적으로 작은 부대와 맞선다면 엄청난 충격을 주기에 충분한 병력이었다. 이에 따라 정부는 군사혁명위원회 의장 트로츠키를 비롯해 모든 위원들에 대한 사전구속영장을 발부했다. 또 다른 명령은 볼셰비키 신문을 폐쇄하는 것이었다. 비록 24일 밤에도 실행을 주저하게 되지만, 정부는 소비에트 집행부 — 그 다수는 이제 볼셰비키 당원이었다 — 자체를 체포할 계획도 세웠다.

10월 24일 혁명적 부대를 최전선으로 이동시킬 계획이 수립되고 있다는 소문이 나도는 가운데 케렌스키 정부의 수도방위사령관은 사병들에게 볼셰비키 신문을 폐간시키라고 명령했다. 그러나 다음 날 소비에트 군대는 수도의 통제권을 장악해 모든 전략 거점들을 점령하고, 정부 편에서 소비에트에 대항해 싸울 준비를 하고 있던 얼마 안 되는 입헌민주당 지지 장교들의 무장을 해제시켜 버렸다.

트로츠키는 이 시기에 전술적으로 아주 예리했다. 체포령(사전구속영장 집행 명령)이 떨어지자마자 선동가들이 먼저 응수했다. 정부의 명령에 복종하지 말라는 주장이었다. 그러나 여기서 더 나아가, 적위대와 정규군과 징집병 등 군부대들이 받아들인 혁명위원회의 계획이 동시에 발표됐다. 그 계획들은 소소한 모든 사항에 이르기까지 아주 정밀하게 작성됐다. 그 계획은 새벽 2시 노동자 정당들이 어디로든지 무장 노동자나 수병 분견대를 이끌고 모든 철도역, 발전소, 통신 건물, 무기고, 보급품 저장소, 전화 교환국, 국유 은행, 대규모 인쇄소 — 당연하게도 언론기관은 매우 중요한 것이었다 — 를 점거한다는 것이었다. 그들은 이미 주요 철도역을 장악했으며 나머지도 동이 트기 전 몇 시간 만에 장악했다. 그러고 나서 그들은 임시정부가 여전히 병력을 유지하고 있던 저항 본거지로 이동했다.

10시경 그들은 임시정부가 전복됐다고 발표할 수 있었다. 페트로그라드에서는 어떤 저항도 없었다. 사상자도 없었다. 그러나 저항의 중심지가 한 곳 있었는데 바로 동궁이었다. 임시정부뿐 아니라 군사혁명위원회도 정부 명령에 따르리라고 예상했던 소수 부대가 여전히 동궁을 지키고 있었다. 그래서 많은 사상자를 내는 것을 피하기 위해 군사혁명위원회는 동궁에 대한 공격을 미뤘다. 실제로 페트로그라드에서 10월 내내 보고된 유일한 사상자는 사고에 따른 것이었으며, 실제 봉기 행동으로 발생한 사상자는 단 한 명도 없었다. 레닌은 2월혁명 전야의 제정만큼이나 현 정부가 부패했다고 주장한 적이 있었다. 그가 정부의 부패 정도를 오히려 과소평가했던 것이다.

2월혁명 전의 닷새 동안은 격렬한 전투가 벌어졌고 많은 사상자가 발생했다. 하지만 케렌스키 정부는 동궁의 경우를 제외하고 총 한 번 쏴 보지 못하고 무너졌다. 동궁은 저녁 늦게야 비로소 접수됐다. 수비대 가운데 적위대와 정규 부대가 궁전을 에워쌌다. 궁전 안에 있던 사관생도들이 총을 쏴 댔다. 그들에게는 탄약이 많이 있었다. 그러나 그들은 미숙한 사병들처럼 탄약을 함부로 써 대고 있었다. 하지만 사상자는 극소수였다. 군사혁명위원회는 잠시 주저하다가 대포를 설치했다. 그리고 궁전 안에 있는 사람들에게 '우리가 이 궁전을 돌 더미로 만들어 버릴 수도 있다'는 것을 설득하려고 공포를 세 번 발사했다. 그들은 여전히 항복하지 않았다. 실탄을 사용해야 했다. 실제로 대포를 발사하자 친정부 수비대는 순식간에 무너져 버렸다. 케렌스키는 도망갔다.

페트로그라드에서는 혁명이 너무 순탄하게 이뤄져 사상자가 하나도 없었다. 그래서 트로츠키 전략의 올바름과 소비에트 의장으로서 그의 실제 지도의 올바름이 기가 막히게 입증됐다. 그러나 봉기의 실행 방식 문제를 놓고 레닌의 견해에 맞서 그가 제안한 방식이 옳았다는 것을 지나치게 과장해서는 안 된다. 두 사람의 구실은 상호보완적인 것이었다. 왜냐하면 트로츠키가 봉기의 최고 조직자이기는 했지만 볼셰비키를 다그쳐 권력 장악 투쟁으로 나아갈 수 있게 만든 사람은 바로 레닌이었기 때문이다. 트로츠키는 1917년 여름에야 비로소 볼셰비키가 됐다. 그러나 그 뒤 몇 달 동안 그는 당에 엄청난 기여를 했고, 7월의 마녀사냥에서 당을 공공연히 옹호했고, 볼셰비키 지도자들과 함께 수감됐고, 당을 권력 장악으로 나아가게 하기 위한 투쟁에서 레닌을 지지했다. 나중에 레닌은 이렇게 말했다. "트로츠키가 당에 들어온 이래로 그보다 더 훌륭한 볼셰비크[볼셰비키 당원]는 없었다."

10월 25일 열린 제2차 전국 소비에트 대회에서는 대표자 650명 가운데 볼셰비키가 400명이나 됐고, 사회혁명당 좌파 대표들의 지지를 받았다. 오랫동안 많은 박수를 받고 나서 레닌은 대회에서 이렇게 간단하게 연설했다. "이제 우리는 사회주의적 질서를 건설하는 방향으로 나아갈 것입니다."

이 모든 일이 볼셰비키의 이름으로가 아니라 페트로그라드 소비에트의 이름으로 행해졌다는 것을 기억해야 한다. 원래 제2차 전국 소비에트 대회는 이 모든 일이 일어나기 훨씬 전에 열려야 했지만, 사회혁명당과 멘셰비키가 계속 방해해, 그러지 못했다. 그들은 사태가 자신들에게 불리하게 돌아가고 있다는 것을 알았으며 그래서 대회가 소집되는 것을 두려워했다. 그러나 볼셰비키가 더 많은 주요 소비에트들에서 다수파로 떠오르자 사회혁명당은 자신의 입장을 고수하는 것이 불가능해졌다. 그래서 그들은 10월 말에 대회를 열기로 했다. 그러나 10월 25일 임시정부는 더는 존재하지 않았다. 다음날 속개된 전국 소비에트 대회에서 볼셰비키는 사회혁명당과 멘셰비키를 제치고 압도적인 의석을 얻었다. 이것은 정당 지지도를 밝히 드러내 주는 것이었다. 대회는 다음 사항을 결의했다.

첫째, 인민위원들로 이뤄진 임시혁명 정부를 구성한다(결국 선출된 인민위원들은 모두 볼셰비키 당원이었다).

둘째, 지주로부터 토지를 즉시 몰수해 농민에게 분배한다. 제헌의회가 소집된 이후나 여섯 달 동안 누가 어떤 땅을 얻을 지를 따져 본 후가 아니라 지금 당장 시행한다.

셋째, 교전국에 즉각적이고도 무조건적이며 합병이나 배상 없는 민주적 평화를 위해 전투 중단을 요구한다.(이 마지막 요 구를 실행에 옮길 만한 힘은 볼셰비기에 없었다. 하지만 이 요 구를 제기함으로써 혁명가들은 단지 독일에서뿐 아니라 모든 교전국들에서 심대한 영향을 미쳤다.)

10월혁명은 쿠데타였는가?

10월혁명이 쿠데타였다는 견해는 틀린 상식이다.[5] 이런 견 해는 한 줌밖에 안 되는 음모가들이 상황을 이용해 권력을 잡 았다고 주장한다. 10월 봉기는 권력욕에 눈이 먼 데다 교조적 과대망상에 빠진 레닌과 볼셰비키가 다수의 희망을 거슬러 권 력을 잡기 위해 꾸민 음모의 산물로, 수많은 대중의 삶을 도탄 에 빠뜨린 사건이었다고 한다.[6] 일당독재와 공포정치 등 스탈린 주의의 여러 양상은 볼셰비키의 이런 비민주적 집권 방식에서 비롯했다는 것이다.

이런 주장은 잘못된 역사적 진술, 잘못된 인용, 막연한 추측에 근거를 두고 있다. 예컨대, 레닌의 '권력욕'이나 '파괴 본능' 또는 '폭력 숭배' 따위에 관한 허구적 또는 상상의 서술이 그런 것들이다.[7] 러시아 혁명에 대한 이런 그림을 머릿속에 갖고 있으면 오늘날 세계를 변화시키는 것은 러시아 혁명과 별로 관계없게 된다.

10월 봉기가 2월혁명과 닮지 않았다는 것은 사실이다. 즉, 자발적으로 거리로 쏟아져 나온 군중에 의한 것이 아니었다. 10월혁명은 무장한 노동자들이 용의주도하게 계획해 도시의 핵심 지역을 점령한 사건이었다. 그러나 이런 행동이 다수의 지지 없이 실행됐다는 것은 참말이 아니다. 10월혁명은 소비에트로 조직된 수많은 대중의 염원을 실현했기에 열정적 지지를 받았다. 애써 정부를 수호한 사람은 거의 없었다. 이 점은 볼셰비키에 적대적인 멘셰비키 당원 수하노프가 정직하게 증언하고 있다.

민중의 압도 다수가 그 당[볼셰비키]을 따랐는데도, 그 당이 사실상 이미 진정한 권력과 권위를 모두 획득했는데도 국민적 봉기가 아니라 군사적 음모라고 얘기하는 것은 분명히 어불성설이다.[8]

케렌스키 정부에 반대하는 시위를 벌이고 있는 볼셰비키 지지자들.

9월 볼셰비키는 페트로그라드 소비에트와 모스크바 소비에트에서 다수의 지지를 받았고 당원도 엄청나게 늘었다. 2월에 2만 3600명이던 당원 수가 8월 초에는 20만~24만 명으로 급성장했다.[9] 10월 무렵에는 무려 25만~30만 명에 달했다.[10] 도시 산업노동자 거의 열 명당 한 명꼴로 볼셰비키 당원이었던 셈이다. 볼셰비키는 결코 소규모 음모 집단이 아니라 대중 정당이었다. 전쟁, 식료품 부족, 지주와 기업주의 억압이 계속되면서 노동자와 농민은 점점 더 볼셰비키의 구호("빵·평화·토지")에 공감했다. 이 강령은 친자본주의 역사학자들이 주장하듯이 볼셰비키가 대중의 머릿속에 주입한 생각이 아니었다. 이 강령은 전반적 위기에서 비롯해 확산되던 정서와 부합했다. 수많은 대중이 혁명이라는 생각 쪽으로 이동하고 있었다.

10월혁명이 소규모 음모 집단의 작품이라고 주장하는 것은 단지 볼셰비키가 대중 정당이었다는 사실만을 무시하는 것이 아니다. 그런 주장은 볼셰비키가 노동자 권력을 위한 조건을 혼자 힘으로는 창출할 수 없었다는 점도 무시하는 것이다. 스티브 A 스미스가 지적하듯이, 그런 조건은 수많은 보통 노동자들의 무수한 조직들을 통해 조성됐다. 전국적 네트워크를 가진 소비에트, 공장위원회, 노동조합, 시민군, 적위대, 소비자 협동조합, 교육·문화 단체 등이 그것이었다.

볼셰비끼가 민중선동과 거짓말의 가공스러운 결합으로써 대중의 천박스러운 본능을 '조종하여' 추종자들을 얻었다는 생각은 '무지몽매한 대중'이라는 관점과 연관되어 있다. 분명히 볼셰비끼의 선동과 조직 작업은 대중을 급진화시키는 데 결정적인 역할을 했다. 그러나 볼셰비끼 스스로가 대중의 불만이나 혁명적 감정을 만들어 냈던 것은 아니다. 이것은 복잡한 사회경제적 격변과 정치적 사건들에 대한 대중 스스로의 경험에서 나온 것이었다. 다만 볼셰비끼는 노동자들이 혁명의 사회적 역학관계를 이해하게 해주고, 일상 생활의 절박한 문제들이 보다 광범위한 사회적·정치적 질서와 어떻게 연관되어 있는가를 깨닫게 하는 데 기여했을 뿐이다. 볼셰비끼는 그들의 분석과 그들이 제안한 해결책이 타당한 것처럼 보였기 때문에 지지를 얻었던 것이다. 예전에 볼셰비끼는 발언할 기회조차 허락받지 못한, [조국]방위론의 요새였던 오루지늬이 제작소의 어떤 노동자는 9월에 다음과 같이 말했다. "볼셰비끼는 언제나 '우리가 아니라 삶 그 자체가 당신들을 설득할 것이다'라고 말했다. 그리고 이제 삶이 그들의 전술이 올바르다는 것을 입증해 주었기 때문에 볼셰비끼가 승리를 거두었다."[11]

레닌을 가장 혹독하게 비판한 사람의 하나인 멘셰비키 지도자 마르토프는 10월혁명에 대해 개탄하면서도 다음과 같이 말했다.

결국 우리 눈앞에서 벌어지고 있는 일은 프롤레타리아의 봉기가 승리한 것임을 부디 아셔야 합니다. 거의 모든 프롤레타리아가 레닌을 지지하고 있고, 봉기를 통해 자신들의 사회적 해방을 기대하고 있습니다.[12]

현장 목격기인《세계를 뒤흔든 열흘》에서 존 리드는 러시아 사회가 극심한 위기에 빠져 있었고 그 위기 속에서 10월혁명은 노동계급의 뜨거운 지지를 받았다고 지적한다.

볼셰비키가 권력을 장악한 것은 유산계급이나 다른 정당 지도자들과 타협해서 된 것이 아니었다. 낡은 정부 기구와 화해함으로써 된 것도 아니었다. 소수 분파의 조직적 폭력을 통해 된 것은 더더욱 아니었다. 러시아 대중이 봉기를 각오하지 않았다면 볼셰비키는 틀림없이 실패했을 것이다. 볼셰비키가 성공할 수 있었던 유일한 이유는 기층 민중의 거대하고도 단순한 욕구를 그들이 현실화해 줬다는 점이다. 즉, 볼셰비키는 민중과 함께 구체제를 파괴해 나갔고, 민중과 협력하면서 폐허와 연기 속에서 새로운 체제의 기초를 함께 세워 나갔던 것이다.[13]

레닌은 권력 장악이 소수의 일이 아니라는 점을 명확히 알았다. 노동계급 전체가 (차별받는 다른 사람들 다수의 지지를 받으며) 도전해야 하는 일이었다. 레닌이 다수를 희생시켜 개인의 권력욕을 추구했다는 주장은 그의 다음 말로 반박될 수 있다. 봉기를 한 달 남짓 앞두고 볼셰비키 중앙위원회에 보낸 편지에 레닌은 다음과 같이 썼다.

성공하려면 봉기는 음모에 기대서는, 그리고 당에 기대서는 안 됩니다. 선진적 계급에 기대야만 합니다. 이것이 첫째 요점입니다. 봉기는 민중의 혁명적 분출에 기대야만 합니다. 이것이 둘째 요점입니다.[14]

대중의 자체 행동이 혁명에서 주된 구실을 했다. 대중의 자발적 활동이 차르를 타도했고, 노동자 조직을 건설했고(볼셰비키도 그중 하나였다), 권력 장악에 필요한 지지를 볼셰비키에 제공했다. 물론 다른 정당의 배신이라는 요인도 볼셰비키의 권력 장악에 크게 일조했다.

러시아 혁명은 노동계급의 자의식이 최고도로 구현된 것이었다. 평등하고 민주적인 국가를 건설할 수 있는 물질적 창조력이 자신에게 있다는 노동계급의 자각이 현실화된 것이었다. 이와 다른 어떤 역사 해석도 이 굉장한 혁명적 세력을 역사에서 말소해 버리고, 그럼으로써 오늘날 혁명적 변화의 가능성도 말소해 버리는 것이다. 참된 해석은 그런 음모론과 조화될 수 없다. 1917년의 승자는 소수 도당이 아니라 러시아의 노동계급 등 천대받는 민중이었다.

10월혁명은 시기상조의 혁명이었는가?

위에서 봤듯이, 8월 말과 9월 초 사이에 우익의 군부 쿠데타 미수 사건 때문에 소비에트와 임시정부 사이의 세력관계가 결정적으로 바뀌었다. 반혁명 쿠데타를 물리치자 대중의 자신감은 더할 나위 없이 높아졌다. 이제 대중은 자신들 몰래 혁명을 배반하는 정부를 더 참고 견디려 하지 않았다.

기업주들이 공장을 폐쇄하고 생산을 방해함에 따라 노동자들의 공장 관리가 확산됐다. 사병들이 승리의 확신이 없는 전쟁을 수행하기를 거부하고 탈영함에 따라 군대는 점차 와해됐다. 10월경 탈영병 수는 무려 200만 명이었다(대부분 2월에서 10월 사이에 탈영했다).[15] 농민은 토지를 접수했다. 요컨대, 실제 삶에서 권력은 이미 기층 대중에게 넘어가고 있었다. 이제 정치권력을 장악하는 일만 남았다.

1917년 9월 중하순과 10월 레닌과 트로츠키는 노동계급이 정치권력을 잡지 않는다면 반동 세력이 정치권력을 잡고 승리할 것이라고 옳게 믿었다. 레닌과 트로츠키는 위기가 세계적 위기이며 러시아 혁명은 서구의 혁명을 촉발할 것이라고 주장했다. 이들은 몽상가가 아니었다. 실제로 1918~1923년 유럽의 최대 산업국인 독일을 포함해 유럽 곳곳에서 노동자 혁명이 일어났다. 독일 혁명이 성공했다면 소비에트 러시아는 고립과 빈곤에서 벗어날 수 있었을 것이다. 볼셰비키에 대한 최대 비판자 카를 카우츠키는 1918년에 다음과 같이 썼다.

볼셰비키가 유럽 혁명을 기대했다고 해서 너무 많은 비난을 받을 필요는 없다. 다른 사회주의자들도 똑같이 그랬고, 확실히 우리는 계급투쟁이 첨예하게 부각되는 상황에 접근하고 있다. 이런 상황에서는 놀라운 경험을 할 수도 있다. 지금까지도 볼셰비키가 혁명을 고대하고 있는 것이 잘못된 일이라면, 베벨과 마르크스와 엥겔스도 비슷한 미몽에 빠지지 않았다고 할 수 있는가? 이것은 부인할 수 없는 사실이다.[16]

1917년 10월 러시아에서는 계급 양극화와 갈등이 너무 첨예해 혁명은 의회민주주의 확립으로 제한될 수 없었다.[17] 차르를 물러나게 한 위기는 나날이 악화해 파국으로 치달았다. 이것은 볼셰비키 탓이 아니었다. 봄까지도 볼셰비키는 여전히 소규모 정당이었기 때문이다. 파국적 위기의 책임은 완고한 지배계급과 배신적 임시정부가 져야 한다. 위기가 단지 사회 기층의 대중 정서에만 좌우된 것은 아니었다. 자본가계급이 노동자 관리 비슷한 것에는 무엇이든 알레르기 반응을 보이고, 지주가 농민이 토지를 차지하지 못하게 쌍심지 켜고 반대한 것도 위기를 심화시켰다.

2월혁명 덕분에 국정에 참여한 온건 사회주의자들은 사회 개혁을 희생시켜 전쟁을 계속하려 하는 등 자신의 지지자들을 배신했고, 위기 악화에 전혀 대처하지 못했다. 대지주와 자본가와 군 장성이 격분할까 봐 두려워 위기 해결책들을 거부했다. 그러므로 2월에서 10월로 가는 길은 혁명이 제기한 긴급하기 이를 데 없는 문제들에 대해 여타 정당들이 만족스러운 해답을 내놓지 못함에 따라 그들에 대한 노동자·농민 대중의 지지가 급격히 떨어진 과정이기도 하다. 2월혁명 후 다른 좌파 정당(주로 멘셰비키와 사회혁명당)은 자신의 강령을 사실상 버렸다. 그들은 농민에게 토지를 주는 것과 러시아를 전쟁의 참상에서 구출하는 것을 거부했다. 이 때문에 멘셰비키와 사회혁명당은 2월에는 볼셰비키보다 더 인기가 있었지만 10월에는 고립되고 욕먹는 처지로 굴러떨어졌다.

전쟁에 신물이 난 노동자와 농민은 평화를 요구했다. 여러 세대에 걸쳐 지주에게 고혈을 짜인 농민은 토지를 요구했다. 이 두 요구를 모두 지지한 정당은 볼셰비키밖에 없었다. 2월에서 10월까지 도시에서 볼셰비키에 대한 지지는 다른 정당들보다 훨씬 빠르게 증가했다. 군대에서도 볼셰비키는 빠르게 성장했다. 2월혁명 때 약 2000명이던 군대 내 당원 수는 6월 16일에는 2만 6000명으로, 10월 5일에는 북서부 전선에서만 4만 8994명으로 급증했다.[18]

임시정부의 정책이 옛 차르의 정책만큼 민중에게 고약하다는 점이 나날이 분명해지자 정부에 대한 민중의 태도도 나날이 바뀌었다. 그래서 소비에트의 구성도 계속해서 기층에서부터 바뀌었다. 민중은 자본가와 지주와 전쟁에 반대하는 정책을 주장하는 대표자를 뽑아 소비에트에 대의원으로 보냈다. 그런 정책은 소비에트가 전권을 쥘 때만 실행될 것이다. 그래

1917년 6월 18일 페트로그라드에서 벌어진 시위. 시위대가 든 현수막에는 "권력을 사회주의자들에게 이양하라"고 적혀 있다.

서 소비에트는 단지 조직 방식만 새로운 기구가 아니었다. 소비에트는 임시정부가 가져다줄 수 없는 변화를 갈구하는 러시아 제국 내 거의 모든 주민의 염원을 성취하기 위한 진정으로 민주적인 구심이기도 했다. 우익 장군들의 군사 쿠데타 재발을 저지할 수 있는 길은 혁명을 앞으로 밀고 나아가 공허한 약속을 실제의 변화로 대체하는 것밖에 없었다. 그러기 위해서는 또 다른 혁명이 필요했다.

1917년 러시아 노동자들은 맹목적으로 행동하지 않았다. 그들의 행동은 "조심스럽고 힘든 의식 발전"(트로츠키)을 반영

미국의 저널리스트 존 리드. 그는 러
시아 10월혁명의 가장 생생한 기록
인《세계를 뒤흔든 열흘》을 썼다.

했다. 그 의식은 볼셰비키가 일방으로 주입한 것이 아니었다.
10월쯤 노동자들은 가능한 것은 다 시험해 봤다. 그들의 지도
자들과 새 정부는 노동계급을 배신했다. 시위도 해 봤으나 돌
아오는 것은 탄압이거나 얼마 안 되는 성과였다. 이런 한정된
성과로는 더 나은 삶에 대한 희망을 성취하기에 턱없이 부족
했다. 무엇보다 반혁명의 위협이 있었다. 이 때문에 판돈이 어
마어마하게 커졌다(전진하거나 분쇄당하거나 둘 중 하나였다).
존 리드가 지적하듯이, 10월의 선택은 노동자 권력이냐 의회
민주주의냐가 아니라, 노동자 권력이냐 독재(소비에트를 분쇄
하고 지주에게 토지를 돌려주기 위한 독재)냐였다.[19] 실로 트로

츠키 말대로, 만일 10월 봉기가 없었다면 '파시즘'이라는 말은 1922년 이탈리아에서 등장하기 전에 1918년 초 러시아에서 등장했을 것이다.

오늘날 자유주의자들과 개혁주의자들은 10월혁명이 시기상 조였다고 주장한다. 괜스레 레닌과 볼셰비키라는 소수 음모가들 때문에 의회민주주의를 위한 훌륭한 기회를 놓쳤다는 것이다. 그들은 특히, 선진 자본주의 사회에서만 사회주의 혁명이 가능한데 1917년 리시아는 낙후한 사회였으므로 사회주의 혁명이 불가능했다고 주장한다.[20]

이것은 레닌과 트로츠키의 견해에 대한 일종의 희화화다. 레닌과 트로츠키는 후진국인 러시아 한 나라에서 사회주의 사회를 이룩할 수 없다고 믿었다. 1913년 러시아의 평균 국민소득은 1688년 영국보다도 거의 20퍼센트나 적었다.[21] 전쟁을 겪으면서 이 수치는 더 낮아져 1917년의 러시아는 20세기 사회라기보다는 18세기 프랑스에 더 가까웠다. 게다가 1억 6000만 인구 가운데 도시 산업 노동계급이 330만 명가량밖에 안 되는 나라에서 노동자 혁명으로 탄생한 노동자 국가가 생존할 수 있는 길은 더 발전한 다른 노동자 국가들의 원조를 받는 것밖에 없(다고 레닌과 트로츠키는 믿)었다. 독일이나 프랑스 같은 선진 산업국에서 노동자 혁명이 성공해 노동자 국가가 수립된다면 러시아가 급속히 산업화할 수 있도록 도와줄 것이다.

또한 트랙터와 각종 기계류를 지원받아 농민의 생활조건을 향상시킬 수 있을 것이다. 그렇게 되면 농민은 노동자 국가에 충성하게 될 것이다. 반대로 서구 혁명이 실패한다면, 소비에트 러시아는 군사적·경제적으로 고립돼 물자 부족이 심각해질 것이고, 결국 농민은 노동자 국가로부터 이반하게 될 것이다.

레닌은 1918년 1월 11일 3차 소비에트 대회에서 이렇게 말했다. "단지 한 나라에서 사회주의가 최종 승리를 거둘 수 없음은 말할 나위 없습니다. 소비에트 권력을 지탱하고 있는 우리의 노동자·농민 부대는 위대한 세계 군대의 여러 부대 가운데 하나입니다."[22] 그해 3월 초에도 레닌은 "절대 진리는 독일 혁명 없이는 우리가 멸망할 것이라는 점입니다"라고 했다.[23] 또, 1921년 7월 코민테른(각국 공산당들에 기반을 둔 국제공산당) 2차 대회에서는 다음과 같이 말했다.

우리가 국제 혁명을 시작했을 때 … 국제적인 세계혁명의 지원 없이 프롤레타리아 혁명의 승리가 불가능함은 우리에게 명백했습니다. 다른 나라에서 혁명이 즉각 또는 적어도 매우 신속하게 일어나지 않는다면 우리는 반드시 망할 것이라고, 혁명 전에는 물론 심지어 후에도 그렇게 생각했습니다.[24]

볼셰비키는 자신이 국제 사회주의냐 아니면 파멸이냐의 갈

독일 혁명에 참가한 노동자들과 병사들(1918년 12월 1일).

림길에 서 있음을 잘 알고 있었다. 국제 혁명은 몇몇 이상주의
자들의 몽상이 아니었다. 실제로 당시 전 세계는 혁명의 격랑
에 휘말려 있었다. 독일과 오스트리아에서 왕정이 무너지고,
노동자·수병·사병 평의회가 세워졌다. 헝가리·바이에른·핀란
드·라트비아 등지에서 소비에트 정부들이 짧게나마 권력을 장
악했다. 이탈리아에서는 공장점거가 벌어졌다. 터키 황제(술탄)
가 타도됐다. 영국 군대는 아일랜드 민족해방운동과 싸우면서
마비 상태에 빠졌다. 영국 지배계급은 국내에서도 노동계급의
투쟁으로 두려움에 휩싸였으며, 수병 반란 때문에 머지와 클
라이드 항구의 포함砲艦은 발이 묶였다. 세계 모든 나라의 수많
은 노동자와 천대받는 다른 사회집단들이 러시아 혁명과 볼셰

비키의 전망과 용기에 고무됐다. 볼셰비키는 전쟁과 실업과 빈곤의 대안을 제시하는 듯했다. 신생 코민테른은 국제 공산당들을 결속해 수많은 민중의 지지를 받았다.

그러나 서구 각국에서 혁명적 좌파인 신생 공산당은 비록 세력을 급속히 키우고는 있었지만 아직 미숙하고 조직이 너무 빈약한 나머지 기회를 잡지 못했다. 이 때문에 빚어진 정치적 공백을 개혁주의 정당과 중간주의[25] 정당이 메웠다. 독일의 개혁주의 정당인 사회민주당은 심지어 혁명적 좌파(로자 룩셈부르크와 카를 리프크네히트)를 살해하라고 명령했다. 중간주의 정당은 말로는 혁명을 얘기하지만 막상 실천에서는 결연한 행동보다는 기득권에 안주하기를 더 좋아했다.

혁명과 혁명적 정당

볼셰비키가 없었다면 10월혁명이 일어나지 못했을 것이 분명하다. 2월혁명은 2월이 아닌 다른 어느 때라도 일어날 수 있었다. 2월혁명과 이후 상황 전개를 살펴보면서 우리는 수많은 대중이 어떻게 처음으로 활동에 나서는지 봤고, 그들이 처음에는 가장 온건하고 가장 광범하며 가장 마음에 드는 대안을 찾는다는 것을 볼 수 있었다. 그들은 그들로서는 최소한의 이데올로기적 변화를 수반하는 단체들 — 사회혁명당과 멘셰비키 — 을 처음에 선택했다. 이들은 개혁주의 정당들로, 부르주아지와 타협할 용의가 충분히 있었다. 이들은 노동자 권력을 수립할 목적이나 그 방향으로 혁명적 운동을 이끌려 하지 않았을 뿐 아니라, 부르주아 권력이 수립되는 방향으로 사태가 진행되도록 노력했다. 그러나 볼셰비키는 이와 달랐다.

볼셰비키는 1917년 3월 초 러시아 전역에 걸쳐 약 4000명의 당원이 활동하고 있었다. 그 당은 1905~1906년에는 규모가 훨씬 더 컸다. 또, 1912~1914년에도 영향력이 훨씬 더 컸다. 그래서 이 1917년 3월 수치는 그 당의 진정한 잠재력을 과소평가하게 만들 우려가 있다. 1917년 3월에서 10월에 이르는 기간에 볼셰비키 당원 수는 25만 명 이상으로 성장했다. 주어진 통계 수치가 부정확하긴 하지만, 대중이 그 당으로 쇄도했다는 것은 분명한 사실이다. 그러므로 볼셰비키는 "선별된 순수한 소수"가 아니었다. 예를 들어, 모든 당원이 노동가치 이론을 이해하는 것은 아니었다. 그러나 다른 의미에서는 볼셰비키는 선별된 당이었다. 노동계급의 권력 장악이라는 목표를 위해 한결같이 싸웠다는 점에서 말이다.

그 당은 극좌라는 이유로 한결같이 박해를 받았다. 그런 당이 여전히 야당일 때 그 당에 가입하는 것 자체가 정치적 선별 행위다. 게다가 볼셰비키 선임 당원들이 모든 경우에 신입 당원들보다 나았던 것도 전혀 아니다. 혁명적 시기에 당의 성장은 그 자체가 하나의 격동이며 모순된 과정이다. 그러나 그런 경험 많은 간부들이 없었다면 볼셰비키는 존재하지 못했으리라는 점을 알아야 한다. 만일 트로츠키처럼 레닌이 혼자서 또는 단지 한 줌의 사람들만을 이끌고 핀란드역에 도착했다면 그는 사태의 전개 과정에 중요한 영향을 미칠 수 없었을 것이다.

1902년부터 형성되기 시작한 볼셰비키 간부들은 좋은 시절과 엄혹한 시기를 거치면서 10월혁명의 성공을 위해 필수불가결한 조건이 됐다. 이것은 오늘날의 혁명적 사회주의자들에게 무엇을 뜻할까? 단순한 장기 경제 불황이 아니라, 혁명을 일으키는 심각한 수준의 경제·정치 위기가 언제 들이닥칠지는 알 수 없고 아무도 장담할 수 없다. 확언할 수 있는 명백한 점은 투쟁 과정에서 기회가 왔을 때 당이 필수불가결한 요소라는 점이다. 다양한 종류의 개혁주의는 사라지지 않을 것이다. 대중의 급진화 과정에서 그들도 성장할 것이며, 이 점에 관해 자기 기만을 해서는 안 된다. 그 지도부의 급진적 언사에도 불구하고 개혁주의 정당들의 방침들은 노동계급의 아래로부터 권력 장악이라는 전망에 결정적 방해 요인일 것이다. 적어도 세 가지 핵심 요소를 지니는 혁명적 조직이 미리 건설되지 않는다면 노동자 권력 성공은 불가능하다.

첫째, 다양한 시기에 지도부의 오류를 바로잡을 수 있는 간부들. 레닌이 간부 당원에게 요구하지 않았다면 결코 지도부 내에서 다수를 설득하지 못했을 것이다.

둘째, 그와 동시에, 다소 개혁주의적이더라도 혁명적 의지를 가지고 있는 새로운 청년들을 조직에 통합할 수 있어야 한다.

셋째, 계급투쟁 고양기에는 적어도 비교적 소수의 노동자들에게 현실적 대안으로 보일 만큼의 세력을 가져야 한다.

내전

최초의 소비에트 정부는 잇달아 포고령을 공포했다. 볼셰비키 정부는 공장의 노동자 관리(통제)를 공포했고, 모든 피억압 민족에게 민족자결권을 부여했고, 사형제도를 폐지했고, 교회와 국가의 분리와 교회와 교육의 분리를 공포했고, 완전한 종교의 자유를 선언했다. 그리하여 몇백 년 동안 러시아를 휩쓸었던 유대인에 대한 린치와 학살도 종식시켰다. 볼셰비키는 교육 분야에서 교사의 독재를 끝장내는 위대한 실험에 착수했다. 러시아의 수많은 문맹자들을 위해 대대적인 문맹률 낮추기 운동을 시작했고, 여러 세기 동안 여성을 억눌러 왔던 야비한 법률들을 폐지했다. 낙태를 자유롭게 허용했다. 부부 중 어느 한쪽이 원하면 이혼할 수 있게 했다. 육아의 사회화를 실현

러시아 혁명을 반대하는 서구 열강들이 보낸 군대가 블라디보스토크의 동맹군 본부 건물 앞에서 행진하고 있다(1918년 9월).

하고자 애썼고, 동성애를 합법화했고, '사생아'나 '서자'도 적자와 완전히 똑같은 권리를 누리게 했다. 또한 볼셰비키는 혁명을 해외로 확산시키고자 동분서주했다. 그리고 이런 것이 모두 공허한 약속으로 끝나지 않도록 정부 관리의 봉급이 숙련 노동자의 평균임금을 넘지 않게 했다.

그러나 불행히도 소비에트 정부가 직면한 러시아의 현실은 냉혹했다. 이미 제1차세계대전의 참사 때문에 나라가 황폐해졌고 철도·통신·산업 체계는 혼란에 빠져 있었다. 1918년 5월 유

적군의 조직자 트로츠키가 전투에 앞서 병사들에게 연설하고 있다.

혈 낭자한 내전이 시작됐다. 미국과 일본을 비롯한 14개국 군대
가 러시아를 침략했고, 국외로 추방당한 백군을 무장시켰다. 자
신의 정책을 실행해 보기도 전에 볼셰비키는 백군과 외국군을
몰아내는 일부터 먼저 해야 했다. 여름쯤에는 상황이 절망적이
었다. 치명적 전염병이 만연했고 기아가 온 나라를 휩쓸었다. 노
동자 정부에 반대하는 자들이 암살 테러를 획책했고, 그중 하
나인 사회혁명당원이 레닌을 저격해 중상을 입혔다.

트로츠키가 혁명 군대인 적군을 창설할 임무를 위임받았다.
노동자 국가의 지지 세력이 어디서든 퇴각하고 있었을 때 그
는 그들을 다시 규합해 전선에 도착했다. 트로츠키는 열차를

타고 러시아의 방방곡곡을 누비면서 영웅적 용기를 불어넣고, 무공의 위업을 이룩하도록 적군을 고무했다. 마침내 그의 지도 아래 반혁명 세력을 물리쳤다.

그러나 인명과 물자 피해는 엄청났다. 이미 휘청거리던 경제는 이제 붕괴 상태였다. 1919년 5월경 러시아의 산업은 단지 10퍼센트만 가동됐고, 생산은 안 그래도 형편없었던 1913년 수준의 13퍼센트로 떨어졌다. 자동차 운송이 거의 발전하지 않은 나라에서 철도의 79퍼센트가 사용 불능 상태였다. 실과 성냥, 양초 같은 간단한 물건조차 가게에서 자취를 감췄다. 기아로 죽는 사람들이 속출했다. 사망자와 귀농자가 크게 늘어남에 따라 노동자 수가 격감했다. 도시에 머물러 봤자 굶어 죽기 십상이었기 때문이다. 도시 산업노동자의 수는 330만 명에서 125만 명으로 줄어들었다. 1921년경 혁명의 심장 페트로그라드는 인구의 57.5퍼센트가 사라졌고 모스크바는 44.5퍼센트가 그랬다. 최상의 볼셰비키 당원 수천 명이 전장에서 사망했다. 이제 러시아 노동계급은 소비에트 권력의 생동하는 중추가 아니었다. 내전으로 기아에 찌든 도시에서 살아남으려는 절박한 노력으로 노동자들은 자신의 소유물을 먹을 것과 바꿨다. 어떤 노동자들은 직장의 기계를 훔쳐 식료품과 물물교환했다. 암시장이 창궐했다. 개인들의 살벌한 생존 경쟁이 1917년의 노동자 민주주의를 대체했다.

부족한 자원 때문에 혁명의 성과가 모두 위태로운 지경에 처했다. 공장의 절반이 을씨년스럽게 버려져 있고, 가동 중인 공장도 원자재가 바닥나면 어디서 구해야 할지 모르는 상황이었다. 여기에 남아 있는 얼마 안 되는 노동자들은 더는 1917년의 자신감과 낙관을 가질 수 없었다. 이런 상황에서는 자신의 힘(세력)을 느낄 수 없고 오히려 미약함만을 느꼈다. 볼셰비키는 어떻게든 생산을 하기 위해 경영자를 임명해야 했다.

대다수 여성은 먹고살 걱정 때문에 김히 새 법률을 활용해 지긋지긋한 결혼 생활을 끝낼 엄두를 못 냈다. 어쨌든 아이들이 먹을 것을 남편이 어디서 구해 올지도 모르니 말이다.

볼셰비키가 직면한 문제를 요약하면 이렇다. 혁명을 이룩한 계급이 규모가 절반으로 줄고 정치세력으로서도 무의미하다시피 됐다면 노동계급 정당은 어떻게 계속 통치해 나갈 수 있는가? 백군에 권력을 넘겨줄 수 없었음은 말할 나위도 없다. 혁명적 노동자가 백군에 포로로 잡히면 고문당한 뒤 살해됐다. 반혁명 세력은 봉건 야만주의로 되돌아갔다. 그들은 포로의 머리에 압박대를 끼운 다음 두개골이 파열될 때까지 돌리고는 했다. 나무 기둥에 묶은 후 배를 갈라 죽이기도 했다. 노동자들이 대량 학살당할 때(1918년 4~6월에 핀란드에서만 약 1만 명이 반혁명 세력의 손에 죽었다)는 학살자들을 처벌해야 했기 때문에 사형제도 폐지 따위의 사치를 누릴 여유가 없었다.

오스트리아·독일 군대가 우크라이나의 예카테리노슬라프에서 혁명적 노동자들을 처형하고 있다(1918년).

사형제도가 부활했다.

혁명 러시아는 가까스로 살아남았지만 매우 변질된 상태로 살아남았다. 민주적인 소비에트는 그 대의원들을 선출한 노동자들로부터 독립하면 아무것도 아니었다. 노동자와 농민의 최상급 투사들이 전국적으로 내전에 휘말려 있고, 공장들이 거의 가동되지 못하고, 남아 있는 노동자들은 생존을 위해 이곳저곳을 헤매는 상황에서는 소비에트가 전처럼 노동자 권력의 기관이 될 수 없었다. 소비에트 대회는 거의 소집되지 않은 데다 거의 잡담 장소가 돼 버려 회의 참가는 시간 낭비이기 일쑤였다. 노동자 없는 노동자 국가는 껍데기일 뿐이다. 권력은 시간이 갈수록 볼셰비키 정부에 집중됐다. 볼셰비키는 혁명을 전폭적으로 지지하는 사람들(시간이 갈수록 자신들을 뜻하게 됐다)로만 이뤄진 중앙집중적 정부를 유지해야 할 것이라는 결론에 도달하게 됐다. 이런 사정은 소비에트 내의 다른 정당이 어땠는지를 한번 훑어보는 것만으로도 충분히 이해할 수 있다.

농민당인 **사회혁명당 우파**는 공공연히 반혁명 편에 섰다. 많은 지역에서 이들은 백군과 구별되지 않았다.

또 다른 농민당인 **사회혁명당 좌파**는 볼셰비키 정부의 정책에 반대할 때면 언제든지 볼셰비키에 테러 공격을 감행했다.

온건 사회주의자들로 이뤄진 **멘셰비키**는 혁명에 반대했다. 비록 반혁명에 맞서 볼셰비키를 지지하긴 했지만, 그 지지는 미온적이었고 소심한 것이었다. 멘셰비키는 혁명을 지지하는 정당이든 반대하는 정당이든 관계없이 모든 정당이 참여하는 제헌의회를 요구했다. 즉, 러시아의 전장에 노동자와 농민의 피를 뿌린 자들의 대표도 포함시키자는 것이었다.

이런 정당들이 볼셰비키가 제안한 정부에 포함되지 않은 것은 당연했다. 이런 정당들을 포함시킨다는 것은 일종의 자살행위였을 테니 말이다. 그래서 1917년의 소비에트 국가는 1920년대 초에 일당 국가로 대체될 수밖에 없었다. 소비에트는 거의 볼셰비키의 외피가 돼 버렸다. 일당 국가가 레닌 개인의 '권력의지' 따위에서 비롯한 것은 아니었다. 민주주의의 제한은 전쟁과 학살이 빚은 직접적 결과였으므로 그 책임은 서구 자본주의 열강들이 져야 한다. 그들은 최초의 노동자 국가를 밖으로부터 깨부수지는 못했지만, 결국 안으로부터 부식되게끔 조건들을 조성한 것이다.

"전시공산주의"

볼셰비키는 내전 기간에 모든 노력을 소비에트 공화국 사수死守에 기울여야 했다. 국가 경제는 노동자 정부의 군대(적군)에 필요한 사항들에 맞춰졌다. 이런 엄격하고 군사화된 희생·배급 체제를 두고 볼셰비키는 부적절하게도(공산주의가 아닌데도) "전시공산주의"라고 불렀다. 전시공산주의의 주요 요소는 기업의 전면 국유화, '1인 경영', 노동규율 강화, 농민 곡물 징발 등이었다.

어떤 사람들은 전시공산주의가 소련 독재 체제의 기원이라고 주장한다. 특히, 군사적·경제적 비상사태의 산물이 아니라 레닌·트로츠키의 권위주의 정치가 낳은 산물이고, 마침내 스탈린주의의 등장은 이것의 자연스러운 결과일 뿐이라고 주장한다.[26] 그러나 볼셰비키가 10월혁명 직후 취한 경제 조처들은

자본가들의 사보타주에 반대하는 시위대(1917년 12월).

사실 온건했다. 볼셰비키는 전면적 국유화를 원하지 않았다. 오히려 기존 소유자들을 달래고 압박해 노동자 관리를 점진적으로 확립하려 했다. 레닌은 이 정책을 "국가자본주의"라고 불렀다. 레닌의 이 용어는 토니 클리프가 1928년 이후의 스탈린주의 러시아를 가리켜 사용하는 용어와 의미가 전혀 다르다. "레닌이 사용한 국가자본주의라는 용어는 자본주의 국가든 노동자 국가든 국가가 사기업 자본주의를 관리·감독하는 것을 의미했다. 반면 스탈린 치하의 러시아를 국가자본주의라고 말할 때는 국가가 생산수단의 저장소이고, 프롤레타리아가 정치·경제 권력을 모두 박탈당하고, 관료가 자본주의의 기능들

(노동자들로부터의 잉여가치 착취와 자본축적)을 수행하는 체제를 말한다."[27] 레닌이 말한 "국가자본주의" 정책은 노동자 혁명이 고립된 상황에서 숨 돌릴 여유를 찾고 힘을 모으기 위해 채택한 것이었다.

하지만 산업의 양대 세력에 의해 볼셰비키는 레닌이 말한 "국가자본주의" 정책을 몇 달 만에 포기하고 "전시공산주의" 정책으로 나아가야 했다. 첫째, 자본가들이 노동자 관리에 반대해 직장폐쇄로 맞섰다. 직장폐쇄에 대한 노동자들의 자연스러운 대응은 국가에 국유화를 요구하는 것이었다. 볼셰비키는 1918년 5월 국유화 조처를 취하게 된다. 그러나 현실은 볼셰비키를 앞지르고 있었다. 1918년 7월경, 국유화된 사기업 가운데 단지 20퍼센트 정도만이 국가 주도로 국유화된 것이었고 나머지는 현지 공장위원회의 주도로 국유화된 것이었다. 볼셰비키 지도자 밀류틴은 다음과 같이 썼다.

국유화 과정은 아래로부터 진행됐고, 소비에트 지도자들은 사태를 따라가지도, 장악하지도 못했다. 현지 [공장위원회] 조직이 스스로 국유화를 실행하는 것을 금지하는 법령이 많이 공포됐는데도 그랬다.[28]

국가의 사기업 관리·감독 정책을 좌초시킨 둘째 요인은 백군과의 내전과 서방 자본주의 열강의 개입이었다. 1918년 6월 모든 기간산업과 주식회사를 국유화한 것은 아직 국유화되지 않은 기업의 독일인 투자자들에게 7월 1일까지 보상금을 지급하라고 요구한 브레스트─리토프스크 강화조약의 조건을 회피하기 위해 급히 시행한 조처였다.

처음 겪어 보는 일이라서 상당수 볼셰비키가 '전시공산주의'를 당 강령에 목표로 명시된 공산주의로 잠시 착각하고 환호했던 것은 사실이다. 그러나 레닌은 전혀 그러지 않았다. 오히려 그는 전면적 국유화 정책이 시행되기 전부터 급속한 사회화가 노동자 국가에 강요할 엄청난 긴장을 걱정하고 있었다. 1918년 4월 레닌은 "자본을 이런 속도로 계속 몰수한다면, 우리는 반드시 패배할 것이다" 하고 말했다.[29]

그러나 백군과 제국주의 국가들이 소비에트 체제에 압박을 가하면 가할수록 경제 비상사태는 더욱 불가피해져만 갔다. 내전 때문에 3자위원회(해당 직장의 노동자 위원회, 노동자들의 감독을 받는 기술관리자, 현지 공산당 조직으로 이뤄져 있었다)가 하던 공장 경영을 어쩔 수 없이 1인 경영으로 대체하고 엄격한 노동규율을 도입해야 했다. 1919년에는 1인 경영을 하는 기업이 10.8퍼센트였는데, 이 비율은 그 뒤 급격히 증가했다. 그렇지만 1920년 페트로그라드에서 200명 이상을 고용한 공장 가운데 31퍼센트만이 1인 경영 하에 있었다. 노동규율도 내전 기간에 엄격해지긴 했지만, "이런 상황을 결코 공장위원회에 대한 볼셰비키의 승리로 볼 수는 없다. … 산업의 조건들이 열악해지자 공장위원회의 이 두 목표[생산 유지와 공장 생활 민주화]가 이제 서로 충돌하게 됐다. 대체로 공장위원회는 생산성 향상이 더 중요하다는 데 동의했다. 그래서 노동규율 강화를 마지못해 묵인했고 심지어 스스로 먼저 시작하는 경우도 있었다."[30] 도시 노동자들은 전시공산주의의 엄혹함이 내키지 않았지만, 혁명을 수호하는 데 필요하다고 봐서 그 정책을 용인했던 것이다.

농민에게서 곡물을 강제 징발한 이유는 혹심한 기아로 아사자가 속출하는 가운데 농민이 곡물을 매점하고 있었기 때문이다. 식량을 보내 달라는 다음과 같은 전보들이 거의 모든 도시에서 모스크바로 빗발쳤다.

1918년 5월 19일 자 포크로프 발신 모스크바 수신 전보: "우리는 빵이 없다. 상황은 절망적이다. 기아가 만연하고 있다."
야로슬라블 발신 5월 24일 자 전보: "야로슬라블 주州는 식료품 문제에 관한 한 전례가 없는 궁핍과 파국 상황에 있다."
빅사 발신 4월 25일 자 전보: "배가 고파 허덕이는 노동자들이 기계 앞에서 쓰러지고 있다. … 빵을 보내 달라. … 이것은 협박이 아니다. 최후의 절망적 부르짖음이다."[31]

"전시공산주의" 시기 농민에게서 곡물을 징발하는 모습.

곡물 징발은 이런 절망적 상황에서 어쩔 수 없이 취한 조처였지, 시장을 폐지하기 위한 교조적 시도가 아니었다. 볼셰비키는 그 조처 때문에 노농동맹이 깨질 위험이 있다는 것을 잘 알고 있었을 뿐 아니라 설득에 의한 점진적 농업 집산화를 선호했기 때문에, 가능하다면 그 방식을 피하고 싶어 했다. 다시 말해, 원래 볼셰비키는 도시 산업의 발전을 통해 농업 생산성을 높이고 그럼으로써 농민을 설득해 노동계급의 지배를 받아들이게 하고자 했다.

굶어 죽지 않기 위해 혁명의 사회적 기반 자체를 의식적으로 파괴해야 했다는 것은 정말 비극이었다. 그것은 또한 매우 위험한 방침이었다. 곡물 징발대는 습격을 받아 살해당하기도 했고, 내전 종식 무렵 볼셰비키 정권에 대한 농민의 저항과 파괴는 극에 달해 농촌은 농민 반란으로 불타올랐다. 곡물 징발 정책은 누더기가 됐다.

전면적 산업 국유화와 곡물 징발은 끔찍하게 어려운 상황에 처한 볼셰비키에 강요된 후퇴였다. 혁명의 파도가 최고조였을 때는 볼셰비키의 운신의 폭이 매우 컸지만, 포위 상태(정치·경제·사회·군사 등 모든 면에서)에서는 선택의 여지가 거의 없어졌다. 내전과 외세의 침략 때문에 선택은 백군에 항복하느냐 아니면 수단과 방법을 다해 혁명을 사수하느냐로 축소됐다.

크론시타트 반란

1921년 봄쯤 내전은 적어도 주요 군사적 충돌이라는 면에서는 끝났다. 백군은 국외로 퇴각했다. 그러나 이것이 영속적인 것인지 일시적인 것인지는 분명하지 않았다. 백군이 완전히 해산하지 않기 때문이다. 백군 장성 브란겔은 프랑스 정부의 원조를 받아 7만~8만 명의 군대를 터키에 주둔시키고 있었다.

반혁명의 즉각적 위협이 사라진 듯하자 혁명을 이룩한 두 계급(노동자와 농민) 사이에 잠재해 있던 갈등이 분출하기 시

1917년 당시 혁명에 참여한 크론시타트 병사들.

작했다. 노동자와 농민의 이해관계가 서로 충돌한다면 어떻게
할 것인가? 바로 이것이 혁명의 앞길에 놓인 문제였다.

　1917년 10월혁명은 동시에 일어난 두 사회운동의 산물이었
다. 러시아 인구의 대다수가 살고 있던 농촌에서는 투쟁이 지
주와 농민 사이에서 일어났다. 농민은 지주의 토지를 접수하
고 자신들끼리 분할해 소유했다. 도시에서는 급속한 산업화로
형성된 새로운 계급(기업주와 노동자) 사이에서 혁명이 벌어졌
다. 도시의 혁명과 농촌의 혁명이 만나지 않았다면 10월혁명
은 일어날 수 없었을 것이다. 노동자들의 산업 지배력이 없었

다면 농민 반란은 또 한 번의 지리멸렬한 실패작이 됐을 것이다. 군대 내 농민(사병)의 지지가 없었다면 노동자들은 1905년 혁명 때처럼 결국 제정 군대에 분쇄당했을 것이다. 조직(소비에트와 볼셰비키로 조직된) 노동계급이 농민을 이끌고 혁명을 지도했다. 농민은 노동자 정부의 지원으로 토지를 접수하고 소유할 수 있었으므로 새로운 노동자 정부를 용인했다. 그럼으로써 농민은 집권당인 볼셰비키도 용인했다.

그러나 장기적으로 노동자와 농민의 이해관계는 같지 않았다. 그들이 뭉친 이유는 그들의 적인 대공장 소유자와 대토지 소유자가 동맹했기 때문이다. 농민은 혁명을 통해 토지 얻기를 원했을 뿐이다. 농민은 이제 백군이 러시아에서 쫓겨났으니 대지주가 복권될 기회는 사라져 자신의 토지가 안전하다고 생각했다. 이제 노동자와의 동맹은 끝났다. 농민의 이해관계는 토지라는 재산을 넘어서지 않았다. 볼셰비키가 도시의 생존에 필요한 곡물을 징발해 갔기 때문에 볼셰비키 정권을 새로운 적으로 여기는 농민들이 부쩍 늘어났다. 농민 반란이 전국의 촌락을 휩쓸었다. 크론시타트 반란이 일어나기 한 달 전인 1921년 2월에만 러시아 각지에서 농민 반란이 118건 넘게 일어났다. 크론시타트 반란은 바로 이 농민 반란의 맥락 속에서 일어난 사건이다.

핀란드 만灣의 군사 요새 크론시타트에서 일어난 반反볼셰비키 반란은 노동자 국가가 풍전등화와도 같은 절체절명의 위기에 처해 있을 때 일어난 군사 반란이었다. 반란군의 핵심 요구 사항은 곡물 강제 징발 중단, 곡물 암거래 방지를 위한 도로 봉쇄 부대 철수, "당 없는 소비에트"였다.[32] 반란 가담자들은 나라에 만연한 온갖 고통을 오직 볼셰비키 탓으로 돌리고 내전의 혼돈과 파괴, 외세의 침략과 봉쇄, 자원 부족, 전염병과 기아 등이 미친 영향은 무시했다. 그들은 '전시공산주의' 정책을 세계 자본주의와 러시아 내 반혁명 세력의 협공이 낳은 산물로 보지 않고 공산주의 자체, 실제의 공산주의로 봤다. 크론시타트 반란군의 성명서는 다음과 같이 불만을 토로했다.

공산주의가 지배한 결과 러시아는 전례 없는 빈곤·기아·추위·결핍을 겪고 있다. 공장과 제분소 등은 문을 닫았고 철도는 거의 고장 난 상태이고 농촌은 철두철미 강탈당했다.[33]

크론시타트 반란은 상이한 계급들의 이해관계가 충돌한 것이었다. 1921년 2월 28일 전함戰艦 페트로파블롭스크에서 열린 집회의 참가자 다수는, 식량 배급 감축에 항의해 파업하는 페트로그라드 노동자들이 반볼셰비키적이고 자신들의 반란을 지지할 것이라고 가정했다. 그러나 폴 아브리치는 (오늘날의 다른 아나키스트들과 달리) 파업이 실제로는 마무리되고 있었고 페트로그라드 노동자들은 볼셰비키의 크론시타트 반란 진압을 지지했음을 인정한다.[34] 그도 그럴 것이, 파업 노동자는 식량을 원했고 농민은 식량을 못 내놓겠다는 입장이었으니 둘의 이해관계는 완전히 상반된 것이었다.

1917년 크론시타트 수병은 농민의 가장 선진적인 부분과 인근(56킬로미터밖에 안 떨어진) 페트로그라드의 산업노동자로 이뤄져 있었다.[35] 그러나 내전 동안 앞장서서 전투를 이끌었기 때문에 그들은 대부분 죽거나 부상했다. 그래서 1921년 크론시타트 요새는 새로 징집된 농민들이 메우게 됐다. 크론시타트에 주둔한 발트해 함대의 4분의 3 이상이 이런 농민 신병이었다.[36] 반란 지도자 페트리첸코도 우크라이나에서 온 농민이었는데, 훗날 그는 반란군 가운데 반볼셰비키 농민 운동에 동조하는 남부지방 농민이 많았다는 사실을 인정했다. 그는 1927년 스탈린의 보안경찰 게페우GPU에 스카우트돼 1944년 핀란드 당국에 체포될 때까지 공작원으로 일했다.

선출되지 않은 지도부 '크론시타트 혁명위원회'가 도시를 장악해 행정을 관할했다. 그리고 후진적 사상이 반란 가담자들 사이에서 득세했다. 특히 유대인 혐오가 널리 퍼져 있었다. 반란군은 볼셰비키 지도부 가운데 유대인인 트로츠키와 지노비예프에게 특별히 악의를 품고 그들을 속죄양 삼으려 했다. 유대인 증오는 우크라이나와 서부 변경지방 농민 사이에서 흔했

크론시타트 반란 지도자 중 한 명으로 반란이 실패한 후 핀란드에 도착한 페트리첸코 (앞줄 왼쪽에서 두 번째).

다. 많은 반란군이 이런 지역에서 갓 입대한 신병들이었고 '크론시타트 혁명위원회'의 다수도 마찬가지였다. '위원회'의 한 사람인 베르시닌은 3월 8일 자신들의 요구를 전달하기 위해 얼어붙은 핀란드 만을 건너와 한 소비에트 분견대에 이렇게 말했다. "이제 만세는 그만 부르고 유대인들을 퇴치하기 위해 우리에게 가세하라. 그동안 우리 노동자와 농민은 저주받을 그자들의 지배를 참고 견뎠다."[37] 반란에 가담한 한 수병의 회고록

얼어붙은 핀란드만을 통해 크론시타트를 공격하는 적군 병사들(1921년).

에도 유대인 혐오가 드러난다. 볼셰비키 정권을 "최초의 유대
인 공화국"이라고 언급하는 구절에서 그는 반란군에 대한 소
비에트 정부의 최후통첩을 "유대인 트로츠키의 최후통첩"이라
고 부른다.[38]

그러나 트로츠키는 당시 우랄산맥 지방에 있었고 그곳에
서 곧바로 모스크바로 가서 10차 당대회에 참가했다. 그가 크
론시타트에 가지 않은 이유는 노동조합 논쟁에 연루돼 있었
기 때문이다. 진압 책임자는 서부전선 담당 사령관 미하일 투
하쳅스키였다. 그러므로 트로츠키가 무력 진압의 직접적 책임
자였다는 아나키스트들의 주장은 순전히 지어낸 얘기이고, 당

시 반란군 속에서 유포됐던 유대인 혐오주의적 중상모략을 되풀이하고 있는 셈이다.[39] 물론 전쟁인민위원으로서 트로츠키는 레닌 등 다른 볼셰비키 중앙위원과 함께 이 일과 그 밖의 다른 정부 행위에 대해 기꺼이 정치적 책임을 지려 했다.

　페트로그라드로 가는 관문이라는 전략적 위치 때문에 크론시타트는 재결집하려는 백군이 눈독 들이는 핵심 군사 요새였다. 크론시타트 반란의 물자·인원·무기·계획 등에 관한 자세한 정부를 담고 있고, 반란에 대한 백군과 프랑스 정부의 지원 계획을 상세히 기록하고 있는 비망록이 미국 컬럼비아대학 러시아문서보관소에서 발견됨에 따라 해외 백군 조직의 크론시타트 반란 개입설이 사실로 입증됐다.[40] 볼셰비키는 그 비망록의 존재를 몰랐다. 손으로 직접 쓴 "크론시타트 반란 조직 문제에 대한 비망록"은 1921년 1월과 2월 초 사이에 작성됐으며 '1급 비밀'로 분류돼 있었다. 그 비망록은 '국민본부'라는 단체가 작성한 일련의 문서 가운데 하나로, 그 단체의 핀란드 공작원이 작성한 것이다. '국민본부'는 1918년 초 "볼셰비키에 대항하기 위해 러시아에서 결성된 지하조직"이라고 스스로 규정하면서 출범했지만, 군사적 패배를 겪고 핵심 회원의 다수가 체포되자 국외로 도망쳐 1920년 말 조직을 재건했다. 전투를 기다리고 있던 브란겔 장군의 잘 훈련된 수만 명의 군대가 그 단체의 가장 중요한 군사적 지지 기반이었다. 비망록의 다음과

반란을 진압하고 크론시타트에 들어간 적군 병사들(1921년).

같은 지적만 봐도 백군의 크론시타트 반란 개입은 사실임이 분명하다.

반란 수병들이 외부, 특히 브란겔 장군이 지휘하는 러시아 군대의 동조와 지지를 보장받지 못한다면 사기 저하는 불가피할 것이다. 더 나아가 반란은 십중팔구 다시 오지 않을 기회, 크론시타트를 장악하고 결코 회복할 수 없는 최대의 치명적 일격을 볼셰비키에게 가할 수 있는 매우 드문 절호의 기회다.

백군과 세계 지배계급은 크론시타트를 반혁명의 발판으로 인식하고 있었던 것이다. 볼셰비키도 물론 같은 인식을 하고 있었다. 그래서 반란군에 무조건적 무장해제를 요구했고, 그들이 이를 거부하자 진압을 실행했던 것이다. 진압으로 반란 수병 약 600명이 죽고 2500명이 구속됐다. 약 8000명의 반란군이 핀란드로 달아났다. 한편 볼셰비키 사망자·부상자·실종자 수는 반란군에 공감하는 현대의 아나키스트 역사가 아브리치의 추산으로도 이보다 훨씬 많은 1만 명이었다.[41]

그러나 아브리치조차 진압은 불가피했다며 옹호한다. "어떤 정부가 자신의 적이 새로운 침략을 위한 교두보로 탐내는 … 가장 전략적인 기지의 반란군을 오랫동안 관용하겠는가?"[42] 아나키즘에 우호적인 빅토르 세르주도 진압 당시에 그 필요성을 옹호하며 지적했듯이, 만약 크론시타트 반란이 성공했다면, 그리하여 안 그래도 약화된 볼셰비키 정부가 타도됐다면 러시아는 혼란에 빠졌을 것이고 그 틈을 타 국외로 도주한 백군이 귀향하고 공산주의자를 학살하고 마침내 극우 독재가 수립됐을 것이다.[43] 훨씬 훗날인 1940년 8월 트로츠키는 볼셰비키의 크론시타트 반란 진압을 "비극적 필요"라고 불렀다.[44] 혁명에 대한 감상적 견해를 비판하면서 트로츠키는 다음과 같이 지적했다.

내전은 휴머니즘의 학교가 결코 아니다. 이상론자들과 평화주의자들은 언제나 혁명의 '극단성'을 비난한다. 그러나 '극단성'은 혁명의 본성 자체에서 비롯한다. 그리고 혁명 자체는 역사의 '극단성'일 뿐이다.[45]

신경제정책과 관료의 부상

전시공산주의 정책을 계속 시행할 수는 없는 상황이었다. 농민 반란과 크론시타트 반란이 일어났기 때문이다. 볼셰비키는 노동자 국가를 파국에서 건져 내기 위해 일보 후퇴하기로 했다. 이 잠정적 후퇴이자 농민에 대한 양보 조처가 바로 신경제정책NEP('네프'라고도 함)이었다. 신경제정책은 다음과 같은 것을 추구했다.

1. 민간 무역의 재도입
2. 곡물 징발 대신 곡물세 도입
3. 제조업 민간 소기업 허용
4. 국가 부문에서 수익성 원리 수용
5. 엄격한 재정 감독

신경제정책은 후퇴였다. 볼셰비키 지도자들은 모두 신경제정책이 옛 자본주의 경제의 일정 부분과 옛 계급의 잔재를 부

신경제정책 시기의 시장.

활시키는 것임을 알고 있었다. 헌신적 당원들은 소비에트 러시아에 남은 것이 무엇인지 물으며 술렁거렸다. 그러나 신경제정책은 **불가피한 후퇴**였다. 지금까지 봤듯이, 후퇴는 모두 사태 전개가 가한 제약과 압박에 의해 강요됐고, 처음에는 순전히 일시적 조처가 될 것으로 의도됐다. 마르크스의 역사 이론이 지적하듯이, 대중이 역사를 만들어 나가지만, 대중이 역사를 만들 수 있는 정도는 그들에게 강요된 객관적 요인들의 하중에 달려 있다.[46]

당시 러시아 경제는 이미 계획되지 않고 있었다. 도처에 혼란이 가득한데 계획경제가 실행될 수는 없었던 것이다. 대도시에서는 실업자 150만 명이 빈약한 구호물자를 배급받고 있었다. 평등주의는 홀대받고 있었다. 실업자의 월 수당이 24루블이었는데, 기술자의 월급은 800루블이었고 당직자는 그 중간인 222루블을 받았다. 물론 무료로 얻는 것도 꽤 많았다. 대체로 말해, 평등, 노동자 관리, 무계급 사회라는 10월혁명의 꿈은 적대적 자본주의 세계가 강요한 빈곤과 고립의 바다에서 침몰하고 있었다.

또, 볼셰비키는 정부 행정을 유지하기 위해 제정 시대의 관리자 수천 명을 고용할 수밖에 없었다. 1920년 말쯤에는 공무원이 무려 588만 명이었다. 이것은 당시 산업노동자의 다섯 배나 되는 규모다. 설상가상으로 볼셰비키는 그 가운데 소수파였다. 레닌은 1922년 당대회에서 이 상황의 위험을 이렇게 지적했다.

분명히, 결여된 것은 바로 공산주의자들 가운데 행정 기능을 수행하고 있는 사람들의 문화입니다. 모스크바[에서] … 우리는 누가 누구를 지도하고 있는지 물어야 합니다. 저는 공산주의자들이 저 괴물[관료 기구]을 지도하고 있다는 것이 참말인지 대단히 의심스럽게 생각합니다. 솔직히 말하면, 공산주의자들은 지도하고 있는 게 아니라 지도되고 있습니다.[47]

그리고 국가기구는 "소비에트 식으로 거룩함이 부여되고 덧칠됐을 뿐 사실은 제정 국가기구와 매우 유사"했다.[48] 즉, 국가는 "관료적으로 일그러진 노동자 국가"였다.[49] 볼셰비키는 낡은 사회의 잔재에 끌려다니고 있었다. 어느 방향으로 끌려다녔는지는 말할 나위가 없었다. 계급사회의 그 모든 더러운 진창이 소생했다. 부농과 소자본가와 관료의 대표들이 공산주의자들에게 영향을 미치기 시작했다. 그렇게 엄청난 사회적 압력을 혁명적 사회주의 정당이라고 해서 피해 갈 수는 없었다. 당 자체가 변질해 갔다. 러시아가 1917년의 소비에트 국가에서 1920년대 초의 당 독재로 퇴보했다면, 당 역시 민주적 노동자 단체에서 관료적 괴물로 전락해 간 것이다. 1922년 레닌은 "소비에트의 기관들뿐 아니라 당의 기관들에도 관료가 있다"고 시인했다.[50]

볼셰비키는 노동자 정당으로 탄생해 노동자 투쟁 속에서 단련되며 성장했고, 노동자들의 희망을 한 몸에 안고 정치권력을 쟁취했다. 그런데 이제 노동계급의 최상의 인자들이 전장에서 전사했거나 국가기구 속으로 흡수돼 버렸고, 노동자들의 사기가 저하하고 역량이 약화됐으므로 당은 관료 조직으로 변모했다. 1917년에 일어난 두 번의 혁명에서 당의 정책을 지지한 노동자들로 평당원들이 채워졌을 때는 볼셰비키가 사회주의적 목표에서 이반한다는 것을 상상할 수 없었다. 1919년 이런 열

페트로그라드의 타브리다 궁에서 연설하는 레닌(1917년 4월).

성 당원은 전체 당원의 10퍼센트 정도였다. 1922년 열성 당원
은 40분의 1밖에 안 됐다. 이제 사회주의적 대의에 전심전력
을 다해 헌신하는 공산당원 노동자들은 정치적으로 신뢰하기
어려운 출세주의자들과 정치 생활을 함께하게 됐다.

볼셰비키의 민주적 전통은 타락하고 있었다. 과거에는 레닌
자신도 당내 소수파였던 적이 여러 번 있었다. 예컨대, 1917년

4월 그는 볼셰비키 중앙위원회 다수파의 견해와 달리 이중권력을 소비에트로 단일화하자("모든 권력을 소비에트로")고 주장하는 토론회를 조직했다. 10월 봉기 직전에 당의 두 지도자인 카메네프와 지노비예프는 봉기 결정에 반대해 거사 계획을 볼셰비키에 적대적인 언론에 누설한 바 있다. 레닌이 노발대발하며 이들을 당에서 쫓아내자고 했지만, 그 일을 실제로 추진하지는 않았다. 이들이 줄곧 당의 최고 의사 결정 과정에 남을 수 있었을 만큼 당은 관대했다. 1921년 내전 말기에 당은 노동자반대파의 강령을 25만 부나 인쇄했고, 노동자반대파 회원 두 명이 당 중앙위원에 선출됐다. 전시에 이런 토론의 자유를 허용하는 정부는 서방세계에 없다. 1922년에는 이런 전통이 죽어 가고 있었다. 우파와 자유주의자들이 주장하는 것처럼 사회주의에 본질적으로 잘못된 점이 있어서거나 볼셰비키가 원래 비민주적이어서가 아니라, 혁명의 고립이 그들을 파멸로 몰아갔기 때문이다.

1922년에는 노동자들이 산업체 경영진의 65퍼센트를 차지했다. 1923년에는 그 비율이 36퍼센트로 떨어졌다. 새로운 특권 집단이 등장했다. 이들은 높은 봉급을 받았고 마음대로 노동자를 고용하거나 해고할 수 있었다. 이런 관료 문제를 놓고 당내 분열이 일어났다. 볼셰비키는 내전과 외세의 개입과 기아라는 혼란을 거치면서도 러시아 사회를 결속했지만, 승리와 함께 문득 자신이 신경제정책(네프) 하의 여러 사회세력 사이에서 갈등을 중재하려 하고 있음을 깨달았다. 볼셰비키는 노동자와 농민 사이에서, 농민과 신흥 기업인(네프맨) 사이에서 균형을 유지하려 했다. 볼셰비키가 이렇게 행동하게 된 것은 그동안 서로 다른 계급이 가하는 압력에 응답해야 했기 때문이다. 그래서 소상인과 부농과 공장 관리자가 모두 공산당원 공무원에게 자신의 문제를 청탁하러 몰려들고는 했다. 그러나 노동자들은 별 실질적 압력을 가할 수 없었다. 공산당원들은 문득 설득력 있는 요구들을 내놓으며 나타나는 사람들에 맞서, 자신이 별로 만나지도 않고 더는 그 처지를 공유하지도 않는 노동자들의 이익을 옹호하려 애쓰고 있음을 깨달았다. 공산당원 관리의 처지는 오늘날로 치자면 노동조합 상근간부층(현장 조합원의 끊임없는 통제가 없으면 외부 사회세력의 대표들에게 적응하기 시작하는 노조 관료)의 처지와 닮았다고 할 수 있다. 이와 마찬가지로, 볼셰비키 관리도 평당원의 통제를 받지 않게 되자 외부 사회세력의 처지를 대변하는 사람들에게 시간이 갈수록 순응하기 시작했다.

러시아 사회에서 벌어지던 계급 갈등은 시간이 갈수록 당 내부로 반영됐다. 1924년 초 레닌 사망 전에는 갈등이 표면 아래 잠복해 있었다. 레닌이 사망하자 갈등은 당내에서 공공연한 전쟁으로 떠올랐다. 생애 마지막에 레닌은 관료의 위험에 대해 경고하면서 관료를 "우리가 제정으로부터 물려받아 소비에트의 기름을 약간 바른 바로 그 똑같은 러시아 기관"이라고 불렀다. 관료가 제기한 위험이 심각했으므로 레닌은 관료에 대항해 투쟁하는 것을 매우 긴박한 과제로 여겼다. 레닌이 마지막으로 있는 힘을 다해 벌인 당내 투쟁은 노동자·농민 감사부(라브크린)를 둘러싼 것이었는데, 이 기관은 원래는 관료에 맞서 싸우기 위해 설립된 매우 중요한 기관이었다.[51] 그러나 이 기관은 이미 당 관료의 도구가 돼 있었다. 스탈린이 라브크린의 우두머리였다. 그는 라브크린을 정부 내 자신의 사조직 경찰로 만들고 있었다.

마침내 사망 직전 레닌은 관료화 추세를 역전시키려는 절박한 시도로 트로츠키와 지노비예프, 카메네프 등에게 "저는 동지들이 스탈린을 그 직위[당 서기장]에서 해임하는 방법을 생각해 볼 것을 제안하는 바입니다" 하고 썼다.[52] 그러나 때는 너무 늦었다. 스탈린은 요소요소에 자신의 세력을 단단히 박아 뒀다. 스탈린은 당 기구의 지지를 받았고 레닌 사후에 일어난 당내 투쟁에서 진정으로 이익을 본 사람이었다.

당의 지도권을 놓고 다음과 같은 세 분파가 경합을 벌였다.

좌익반대파: 10월 봉기의 조직자였고 적군 사령관인 트로츠키를 중심으로 결집한 분파로 고전 마르크스주의의 진정으로 민주적인 사회주의 전통을 구현하고자 했다. 그래서 노동자

좌익반대파의 주요 지도자들. 앞줄 가운데가 트로츠키(1927년).

좌익반대파가 시베리아에서 혁명 기념일에 집회를 하고 있다(1928년).

민주주의 없이는 사회주의가 있을 수 없다는 것을 출발점으로 삼았다. 좌익반대파는 당을 민주화하려 했고, 관료의 세력 확장을 저지하고자 했고, 산업화 계획을 실행하려 했다. 좌익반대파의 목표는 노동계급을 핵심 사회·정치 세력으로 부흥시켜 소비에트 민주주의의 기초를 재건하는 것이었다. 좌익반대파는 의지만으로는 결코 이 일을 할 수 없다는 점을 잘 알았다. 소비에트 러시아가 좀 더 빨리 산업화를 이루는 데 필요한 물자를 확보히려면 농민이 큰 희생을 치르게 된다. 그래서 좌익반대파는 혁명의 해외 확산에 최우선 순위를 부여했다.

좌익반대파는 볼셰비키 전통에서 비롯한 분명하고 강력한 정책을 내놨지만 매우 불리한 상황 속에 있었다. 그 정책의 지지 기반인 노동계급 자체가 너무 약화돼 있어서 정치적 논쟁에서 별로 큰 구실을 할 수 없었기 때문이다.

좌익반대파와 경합한 다른 분파인 '우파'와 '중도파'는 당 관료 속에 깊이 뿌리를 내리고 있었다. 다른 관료와 교제하는 데 더 익숙했던 관료에게는 '우파'와 '중도파'의 보수적 정책이 좌익반대파의 정책보다 더 현실적이고 매력 있어 보였다.

'우파': 이 분파는 노동계급의 이익을 희생시켜 농민에게 양보하는 현재 정책을 선호할 뿐 아니라 이 방향으로 더 나아가길 원하는 자들로 이뤄져 있었다. 이들은 부농(쿨라크)의 이해관계를 반영했다. 초창기에 견지했던 혁명적 사회주의 정신에서

'중도파'의 지도자 스탈린(왼쪽)과
'우파'의 지도자 부하린.

너무 멀리 나아간 나머지, 이들의 지도자 니콜라이 부하린은
농민에게 "부자가 되시오" 하고 말하기까지 했다.[53]

　'중도파': 이 분파는 스탈린 주위에 결집한 당 관료들이었다.
이 분파가 사태 변화의 열쇠를 쥐고 있었다. 노동자 운동을 재
건하자는 '좌파'와 농민의 이익을 지키자는 '우파'의 주장이 분
명해진 상황에서도 중도파는 꿍꿍이속을 드러내지 않았다. 한
동안 중도파는 좌익반대파에 맞서 우파와 동맹했다. 그래서
트로츠키 자신을 포함해 좌익반대파는 우파와 중도파가 함께
자본주의의 부활을 향해 나아가고 있는 것이라고 생각했다.
그러나 그사이에 중도파는 자기 나름의 독특한 사상과 이해관
계를 발전시키고 있었다. 1920년대의 볼셰비키 내 투쟁은 당
의 상이한 분파들 사이의 투쟁 이상을 뜻했다. 그 투쟁은 관
료를 하나의 **계급**으로 발전시키고 있었던 것이다.

관료가 등장하는 데서 획기적 사건은 스탈린의 '일국사회주의론' 발표였을 것이다. 1923년 10월 독일 혁명이 실패하고, 냉소적이고 근시안적으로 '현실적'인 신흥 관료에게 국제 혁명이라는 생각이 황당하게 들리기 시작할 때 '일국사회주의' 이데올로기는 그들에게 호소력을 갖게 됐다.[54] 한때 당 전체가 당연시했던 트로츠키와 좌익반대파의 국제주의에 반대해, 이제 스탈린 분파는 노골적인 러시아 국수주의를 중심으로 단결했다.

스탈린파 관료인 중도파는 처음에는 좌파와 우파를 서로 맞서게 했지만, 곧 세력을 키워 좌우 두 분파에 독자적으로 맞섰다. 그리하여 지노비예프와 카메네프, 레닌의 아내 크룹스카야가 트로츠키와 공동으로 스탈린에게 반대하는 통합반대파를 결성했을 때 이미 스탈린은 그들이 저지할 수 없는 세력을 형성하고 있었다. 통합반대파가 노동자 권력의 꺼져 가는 불을 상징했다면, 스탈린은 줄곧 강해져 온 진정한 세력(관료)을 상징했던 것이다. 스탈린의 통제 장치에 비하면 통합반대파는 마치 휘하에 사병이 없는 장군 같았다.

레닌 사망 직후 관료는 자신에게 반대하는 사람들을 위축시키고 고립시키는 선전전을 전개하면서 권력 기반을 다졌다. 레닌이 사망 직전에 당부했던 것과 크룹스카야가 밝힌 소망을 무시하고 지배 분파는 레닌교敎(소위 '마르크스–레닌주의'라는 명칭의)를 창제했다. 이들은 레닌을 거의 신격화했다. 레닌

병상에 누운 말년의 레닌과 크룹스카야(1922년).

의 저작은 더는 실제의 투쟁과 관련성 있고 나날의 정치 생활 속에서 검증받는 행동 지침이 아니었다. 당내 이단자들을 숙청하기 위해 인용되는 성경 같은 것이 돼 버렸다. 최초의 표적은 트로츠키와 좌익반대파였다. 이들은 거짓말과 중상모략과 윽박지르기의 홍수 속에 휘말렸다. 집회에서는 호통으로 침묵을 강요당했고, 이에 항의하는 집회는 강제 해산됐다. 스탈린 일파의 교리에서 '레닌주의'라는 절대 선은 '트로츠키주의'라는 절대 악과 사생결단의 투쟁을 벌여야 하는 것이었다.

스탈린파 관료는 레닌이 트로츠키를 "중앙위원회에서 가장 유능한 사람"이라고 부른 사실과[55] 스탈린을 서기장 자리에서 쫓아내자고 트로츠키에게 제안한 사실을[56] 어디에서도 전혀 언급할 수 없게 금지했다. 혁명을 지도한 두 인물인 레닌과 트로츠키 사이에 여러 해 동안 이뤄진 협력을 언급하는 것도 검열로 금지했다. 유급 선전가 기구를 가동해 잊힌 지 오래된 두 사람 사이의 견해 차이를 찾아내도록 했다. 이렇게 찾아낸 이견을 '트로츠키주의자들'에 대한 숙청을 정당화하는 데 이용했다. 1930년대의 저 악몽 같은 마녀사냥으로 향하는 길이 닦였다. 그 말 같지도 않은 "트로츠키주의자 파시스트"나 "제국주의의 간첩" 따위의 흑색선전 말이다.

트로츠키와 다른 좌익반대파 지도자들이 출당당한 1년 뒤, 지노비예프와 카메네프와 그 지지자들도 똑같은 운명을 겪었다. 당의 공인된 지도자였던 지노비예프는 레닌그라드 시당 제1서기의 직위를 박탈당했다. 스탈린은 자신의 정적을 하나하나 제거했고 자신의 지시에 불복종하는 사람은 누구든지 구속했다. 당내 분위기는 완전히 바뀌었다. 과거의 자유 토론은 이제 옛말이 됐다. 10월혁명의 지도자들은 축출당하고 그 자리는 나중에 출세한 자들이 메우게 됐다. 이들은 당 관료들로서 스탈린에게 절대적 충성을 바쳤다. 1923년부터 1928년 사이에 관료는 자신의 이해관계가 노동자의 이해관계와 일치하지 않는다는 사실을 해가 갈수록 분명히 깨달았다. 관료가 "볼셰비즘의 오랜 수호자들"(사망 직전 레닌의 표현)을 축출하는 것은 소멸해 가는 노동자 권력을 소생시키려 애쓰던 마지막 사람들을 추방하는 것이었다. 스탈린의 일국사회주의론은 단순히 국제 사회주의라는 목표로 향하는 또 다른, 좀 더 신중한 길이 아니었다. 그것은 전혀 다른 목표를 향하고 있었다.

반혁명

1928년은 모든 것을 청산한 한 해였다. 이때부터 관료는 혁명의 성과를 모두, 그 잔재까지 철저히 파괴했다. 스탈린은 "자본주의 국가를 따라잡고 추월하자"고 역설했다. 3년 뒤에도 그는 다음과 같이 말했다.

우리는 선진 국가들에 비해 50~100년을 뒤져 있습니다. 우리는 이 간격을 10년 만에 뛰어넘어야 합니다. 우리가 이것을 해내지 않으면, [그들이] 우리를 분쇄할 것입니다.[57]

좌익반대파의 강령에서 산업화는 노동자 민주주의와 소비에트를 부흥시키기 위한 것이었다. 트로츠키는 20퍼센트 연평균 경제성장률을 제안했다. 이제 스탈린은 그것을 40퍼센트까지 상향 조정했다. 민주주의와 국제주의를 폐기 처분한 채 말

집산화 시기 모스크바 변두리의 한 콜호스[집단농장]에서 벌어진 어린이 시위. 배너에는 "우리는 콜호스의 수확량을 늘릴 것이다", "붉은 수병의 날을 기념해 집단농장의 수확을 위해 즐겁게 노래하겠다"고 적혀 있다.

이다. 스탈린파 관료에게 산업화는 모든 것을 소련 국가의 이익에 종속시키는 것을 뜻했다. 이를 위해 스탈린파 관료는 노동자 권력의 마지막 잔재조차 분쇄해 버리기로 했으며, 농민의 세력도 궤멸시켜 버리기로 했다. 소비에트 러시아는 막을 내리고 스탈린주의 러시아를 향한 이른바 '제2의 혁명'에 돌입했다. '제2의 혁명'은 스탈린파 관료가 주도한 반혁명이었을 뿐이다. 이 반혁명으로 관료는 새로운 지배계급으로 자리를 굳혔다. 모든 것이 서방과의 경쟁이라는 목표를 위해 희생됐다. 그들이 일으킨 것은 '궁정 쿠데타'처럼 상층부에서의 사소한 변화가 결코 아니었다. 그들은 모든 반대파(농민의 반대든 여전히 10월 혁명의 이상에 충실한 당내 인사들의 반대든)를 분쇄하는 데 착수했고 이를 위해 산업체와 공직, 경찰, 군대를 통제했다.

관료는 "부농(쿨라크) 계급의 폐지"에 착수했다. 국가의 농업 지배를 위해 강제 집산화를 실시한 것이다. 농민은 재산을 모조리 몰수당했다. 자연히 많은 농민이 이에 저항했고 잔혹하고 야만적인 탄압을 받았다. 무수히 많은 농민이 살해당했다. 그러나 피살자들이 모두 부농인 것은 결코 아니었다.

관료는 도시 노동계급의 생활수준을 낮추기로 단단히 작정했다. 1928년까지는 노동자들이 그래도 10월혁명이 획득한 성과의 덕을 봤다고 말할 수 있다. 3자위원회라는 제도를 통해 (내전 기간을 제외하면) 노동조합과 공산당원 노동자들은 경영 방침에 영향을 미칠 수 있었다. 노동자들은 여전히 파업권을 누렸고 파업 건수의 3분의 1가량은 승리로 끝났다. 당직자의 봉급은 숙련 노동자의 임금과 똑같았다. 때로 국가는 노동자들의 통제에서 벗어나 움직이기도 했지만 그래도 노동자 권력의 흔적은 남아 있었다. 1928년 말쯤에는 3자위원회의 실권이 축소됐다. 이제 더는 파업이 허용되지 않았고 언론에 보도조차 안 됐다. 1930년 말부터는 노동자들은 허가 없이 일자리도 바꾸지 못했다.

스탈린의 '위로부터의 혁명'은 실로 유혈 낭자한 반혁명이었

오네가 호수와 백해를 연결하는 227킬로미터의 백해-발트해 운하는 강제노동수용소 수용자들의 강제노동으로 건설됐다. 이들은 주로 집산화 시기에 강제 이주된 농민들이었는데 운하 건설 과정에서 수만 명이 죽었다.

지노비예프, 카메네프 등은 소비에트 지도부 살해 공모와 반정부 음모 혐의에 따라 기소돼 처형됐다. 모스크바의 공장 노동자들이 공포 분위기 속에서 이런 정부의 조치를 만장일치로 지지하고 있다(1936년 8월 28일).

다. 1930년의 임금이 1937년에는 반토막 났다. 임금 격차는 더 벌어졌다. 낙태와 이혼의 권리가 부정됐다. 교육은 권위주의적 획일 속에 속박당했다. 해외의 혁명가들에게 해로운 정책이 강요됐고, 이런 자멸적 정책 가운데 가장 비극적인 사례가 바로 독일 공산당으로 하여금 사회민주당과의 반나치 공동전선을 구축하지 말도록 한 것이었다. 나치의 승리에 대한 주된 책임은 스탈린과 코민테른이 져야 한다. 이제 코민테른은 더는 국제 혁명을 위한 무기가 아니었고 소련 대외정책의 도구가 돼 버렸다.

스탈린은 소련을 일종의 거대한 강제노동수용소로 만들었다. 1928년 당시 소련의 정치범(주로 내전의 전범과 반혁명 사범)은 3만 명이었고 이 수치는 감소하는 추세였다. 그리고 이들은 적절한 대우를 받았고 결코 강제노동을 하지 않았다. 1931년쯤에는 수용소에 수감된 사람이 200만 명이었고, 1933년에는 500만 명으로 늘어났다. 1942년에는 무려 1500만 명이 강제노동수용소에 수감됐다. 그리고 이들은 결코 "반혁명 분자들"이 아니었다. 노동자·농민·교사 등 러시아 혁명에 동조한 사람들이었다.

1935년부터 1937년까지 '모스크바 재판'이라는 일련의 여론 조작용 공개재판을 거쳐 대량 학살이 이뤄졌는데, 피살자들은 러시아 "혁명의 오랜 수호자들"이었다. 모스크바 재판은 민중에 대항한 내전에서 관료가 완전히 승리했음을 뜻했다. 이로써 1928년에 시작된 스탈린주의 반혁명이 최종 승리를 거두고 관료는 민중의 통제에서 완전히 자유로워졌다. 1934년 17차 당대회에 참가한 "1966명 대의원 가운데 1108명이 체포됐고, 당 중앙위원회와 당대회에서 추천된 중앙위원 후보 139명 가운데 70퍼센트인 98명이 체포돼 총살당했다."[58] 17차 당대회 대의원의 80퍼센트가 1921년에도 당원이었는데, 스탈린주의 반혁명 선에 입당한 이 사람들은 모두 당에서 숙청당했고, 그 자리는 노동자 운동과 아무런 연계도 없는 사람들로 채워졌다. 스탈린주의 러시아는 소비에트 공화국의 완전한 대립물이었다.

레닌은 국가의 점진적 소멸에 대해 다음과 같이 말했다.

우리는 국가가 점점 시들어 가는 것을 보게 될 것이다. 그리고 소비에트 국가는 결코 다른 국가와 같지 않고 오히려 광대한 노동자 코뮌 같은 것이다.[59]

이에 대한 스탈린의 해괴한 왜곡을 들어 보자.

우리는 국가 강화를 통한 국가 철폐를 향해 나아가고 있다.[60]

스탈린은 정말로 국가를 강화했다. 그래서 어떤 민주적 압력에서도 완전히 자유롭게 만들었다. 1931~1935년에 소비에트 대회는 단 한 번도 소집되지 않았다. 비슷한 시기의 1차 5개년 계획은 소위 '국가의 최고 권위'라는 최고 소비에트의 자문도 한 번 구하지 않고 실행됐다. '평등'은 웃기는 소리가 돼버렸다. 스탈린 치하 소련의 경제학자 체르노모르디크에 따르면, 스탈린의 최측근 몰로토프는 이렇게 말했다. "볼셰비키 정책을 수행하기 위해서는 평등주의자들에 반대하는 단호한 투쟁이 필요하다. 평등주의자들은 적대계급의 공범자들이고 사회주의의 적대자들이기 때문이다."[61] 스탈린 자신도 "균등화 원칙을 청산하고 올바른 임금제도를 수립할 것"을 지시했다.[62] 10월혁명의 이상 가운데 하나가 이제는 반혁명적 범죄가 됐다. '사회주의'라는 말 자체도 스탈린과 그의 후계자들에 의해 그 의미가 완전히 뒤틀려 버렸다.

레닌이 정치적으로 스탈린을 낳았는가?

레닌(일부 논자는 트로츠키도[63] 포함시킨다)이 정치적으로 스탈린을 낳았다는 레닌-스탈린 연속성 명제를 주장하려면 가장 기본적인 사실들을 무시해야 한다. 1929년부터 1953년 사망 때까지 스탈린의 권력 기반 전체가 1917년 10월에 세워진 혁명 정부와는 완전히 달랐다.[64] 혁명 정부의 기반은 노동자 평의회(소비에트)의 선출된 대의원들이었다. 혁명 정부는 10월에 선출된 대의원 3분의 2의 지지를 받았고, 석 달 뒤에 새로 치른 선거에서 선출된 사람들의 4분의 3의 지지를 받았다. 이런 선거는 서로 다른 정당(사회혁명당 우파, 사회혁명당 좌파, 멘셰비키, 볼셰비키)을 지지하는 신문과 정기간행물 사이의 자유로운 논쟁을 배경으로 치러졌다. 볼셰비키는 압도적으로 노동자들로 이뤄져 있었다. 당내 논쟁은 자유롭게 벌어졌다. 1917년부터 1921년까지 줄곧 공개적 주장들이 오갔다.

이와 대조적으로 스탈린 치하에서는 노동자 평의회가 없었다. 1936년 헌법에 규정된 이른바 '최고 소비에트'는 가짜 의회 구조물이었다. 게다가 자유선거도 치러지지 않았다. 당은 하나밖에 없었다. 모든 신문과 정기간행물은 당의 방침에 맹종했다. 당원의 다수는 노동자가 아니라 당과 국가와 기업의 관료(기업의 관료는 경영인)였다. 고위 당원이든 평당원이든 스탈린의 정책과 다른 정책을 내놓는 것은 허용되지 않았다. 정치적 이유로 재판받는 사람은 누구든 구속됐고 십중팔구 처형당했다.

스탈린의 당은 '공산당'을 자칭했지만 실제로는 1917년의 당

1917년의 볼셰비키 중앙위원회. "사형집행인, 스탈린만 살아남았다"고 쓰여 있다. 이 그림은 1938년 3월에 미국 사회주의노동자당이 만들었다.

과 아무 공통점도 없었다. 1939년의 150만 당원 가운데 단지 1.3퍼센트만이 1917년에도 당원이었다. 다른 한편, 1917년 당시 볼셰비키 당원 가운데 단지 7퍼센트만이 1939년 스탈린의 당에 남아 있었다. 최초의 혁명 정부를 이뤘던 열다섯 명 가운데 열 명이 스탈린의 지시에 따라 처형당하거나 살해당했고, 네 명은 자연사했다. 단지 한 명만이 살아남았는데, 바로 스탈린 자신이었다. 선임 혁명가 수십만 명이 스탈린의 보안경찰에 살해당하거나 강제노동수용소에서 죽었다. 트로츠키가 말했듯이 볼셰비즘과 스탈린주의 사이에는 "피의 강물"이 흘렀다.[65]

어떤 레닌-스탈린 연속성론자들은 러시아가 자본주의로 역행한 것이 느지막이 1991년이 아니라 일찍이 1921년 3월 크론시타트 반란 전에 일어났다고 본다.[66] 그렇다면, 반혁명이 10월혁명 이후 겨우 3년 반 사이에 일어났어야 한다. 레닌과 트로츠키(그들은 트로츠키도 스탈린주의에 책임 있다고 주장한다[67]) 등 볼셰비키가 권력 자체의 속성에 따라 러시아 민중의 자발성을 분쇄하고 스스로 자본주의적(국가자본주의적) 반혁명을 주도해 지배계급이 됐나는 것이다. 이런 설명에 따르면, 소비에트 러시아의 민중은 볼셰비키 일당 국가에 비판적이었고, 저항했고, 볼셰비키는 이를 억압했고,[68] 크론시타트 반란과 진압은 그 가장 대표적인 사례일 뿐이다.[69] 레닌은 소비에트를 당의 외피이자 노동대중 통제 수단으로만 봤다고 한다.[70] 결국 당과 소비에트는 양립 불가능하며 당의 운동 개입은 국가자본주의를 건설하는 것으로 끝난다는 것이다.[71]

이런 주장은 러시아 혁명의 **역사적으로 특정한** 조건들을 무시한 채 펴는 것이다. 특히, 러시아 혁명에 대한 자율주의 측의 오해는 토니 네그리의 잘못된 사회이론과 관계있다. 네그리는 자본-노동 관계를 권력관계로 환원한다. 마르크스주의를 권력의 이론으로 변형한 것이다. 그래서 자본주의를 노동자에 대한 자본가의 지배력으로, 자본가와 노동자의 대립 관계('자본 일반')로 환원한다. 그리고 그 관계를 생산과정에서 분리한다. 그러나 '자본 일반'과 '다수 자본'을 분리하면 착취와 지배의 원인을 설명할 수 없다. 자본가가 노동자를 착취하고 지배하는 이유는 다른 자본가들과의 경쟁('다수 자본') 때문에 자본가들이 축적하고 착취할 수밖에 없기 때문이다. 그러므로 생산에서의 착취 과정을 자본주의 체제(이는 세계적 체제다)의 동역학(즉, 제국주의론)이라는 더 큰 틀 안에 자리매김해야 하는 것이다. 그렇게 하지는 않고 오히려 네그리는 제국주의 개념을 버린다. 그 대신 '제국' 개념을 채택한다. 동시에, 부적절한 푸코 권력 이론에 기대려 한다.[72] 그래서 자율주의자들은 러시아 혁명의 패배와 역전에서 제국주의의 개입과 국제 혁명의 패배가 한 결정적 구실을 간과하고, 따라서 볼셰비키 권력이 변질된 이유를 설명하지 못한다. 푸코의 권력 이론에 근거해 **역사적으로 특정한** 볼셰비키 권력의 변질에 대해 설명하는 것은 불가능할 것이다.

러시아 혁명에 대한 자율주의의 추상적 개념보다는 주요 자본주의 열강들이 혁명 정부를 무력으로 공격했고 옛 지배계급이 지휘하는 군대가 내전을 일으켰다는 사실이 미친 효과를 구체적으로 고려해야 한다. 위에서 봤듯이, 이 사건들이 엄청난 재앙을 가져오고 나라를 황폐화시켰다. 방방곡곡에서 식료품이 절대적으로 부족했고, 콜레라와 발진티푸스가 창궐했고, 일부 지역에서는 굶주림 때문에 인육을 먹는 일마저 벌어졌다.

내전과 굶주림으로 황폐해진 남부 러시아(1921년).

원자재 부족으로 거의 모든 공장이 문을 닫아 생산은 제1차세계대전 이전의 8분의 1 수준으로 떨어졌다. 1920년대의 한 러시아 경제학자에 따르면, "1억 명이 넘는 거대한 사회의 … 이런 생산력 감소는 인류 역사에서 전례가 없는 일이다."[73] 혁명을 일으킨 노동계급은 거의 해체 상태였다. 이와 함께 노동계급의 혁명적 민주주의도 죽었다. 레닌과 볼셰비즘 때문이 아니라 제국주의의 개입 때문에 질식사한 것이다. 이런 황폐화와 파괴 속에서 스탈린이 등장했다. 그러나 스탈린은 자신의 지배를 안정화하기 위해 살아 있는 볼셰비키 간부들을 제거해야 했다(심지어 물리적으로).

맺음말

볼셰비키는 그들이 공언한 목표를 달성하기 위해 처음부터 엄청난 노력을 했다. 새로운 법령들이 통과돼 쏟아져 나왔다. 선출된 공장위원회를 통해 노동자 통제(관리)를 조정하고 강화하는 법령, 비밀 외교를 폐지하고 외국의 노동자들에게 정당한 강화조약을 요구하라는 내용의 법령, 토지의 사적 소유를 폐지하고 모든 토지를 무상으로 몰수하는 법령, 러시아의 모든 소수민족들이 원한다면 독립할 권리를 포함해 모든 민족 자결권을 인정하는 법령, 종교의 자유와 무종교의 자유를 인정하는 법령, 이혼의 자유를 인정하는 법령 등이 압도 다수의 지지로 통과됐다. 이런 법령들과 그 밖의 다른 수많은 법령들이 소비에트 대회가 새로 뽑은 인민위원 협의회에서 쏟아져 나왔다.

그러나 법령만으로 충분한 것은 아니었다. 레닌은 봉기 직후 이렇게 주장했다. "사회주의는 법령에 의해 위로부터 이뤄질 수 있는 것이 아니다. 사회주의의 정신은 기계적·관료적 방식을 배격한다. 살아 있는 창조적 사회주의는 대중 자신의 산물이다. … 법령들은 대중 차원의 실천 활동을 요구하는 훈령들이다." 레닌은 사회주의가 노동자들의 대중 행동에 달려 있는 것이라고 봤다. 노동자들이 자신이 선출한 중앙집권적 기구들의 정책을 몸소 실행하는 것이 노동자 국가가 뜻하는 바이고, 바로 이것이 혁명 이후 얼마 동안 러시아에서 일어났던 일이다.

그러나 혁명 러시아는 옛 질서의 부활을 꾀하는 반동 세력인 백군을 지지하는 14개 열강 군대들의 침략을 받았다. 러시아 노동계급은 이런 내전에서 최고의 영웅정신과 희생정신으로 싸웠다. 수십만 명이 적군에 가담해 싸웠다. 또한 수십만 명이 굶주림과 전염병에 쓰러져 가면서도 공장을 가동시키기 위해 노력했다. 설상가상으로, 다른 나라들의 혁명이 실패해 러시아가 세계 속에서 고립됐다. 이제 그 세계는 소비에트가 지배하는 러시아에 상상조차 할 수 없는 가혹한 조건들을 강요했다. 이 점은 매우 중요하다. 왜냐하면 다른 나라로부터의 원조가 없었으므로 러시아 노동계급은 자신들보다 수적으로 40배 이상이나 많은 다른 계급들의 공동 저항에 맞서 오랫동안 버틸 수 없었기 때문이다. 원조는 오지 않았다. 전쟁이 끝난 뒤 유럽의 혁명은 제3인터내셔널의 성장에도 불구하고 패배하고 말았다.

노동계급이 군사적 위협을 격퇴하려고 바로 이렇게 사력을 다한 한편, 농촌의 농민은 기계가 부족해 어려움을 겪었다. 그럼에도 그들은 대농장을 소농지로 분할하는 개인주의적 방식을 택했다. 그런 소농지들은 개별 농부들의 욕구는 충분히 충족시킬 수 있었지만, 도시에 필요한 식량을 제공해 줄 정도는 되지 못했다. 도시에서 필요한 식량을 얻기 위해 볼셰비키는 식량을 제공해 줄 수 있는 부농들과 타협해야 했다.

이런 과제에 더해, 내전으로 황폐해진 경제를 재건해야 한다는 산적한 과제로 말미암아 국가관료가 성장했다. 국가관료는 상인들과 산업체 경영자들과 함께 자기 자신의 이익을 추구하기 시작했다. 레닌의 죽음과 트로츠키의 정치적 패배는 이 새로운 사회계층의 앞길을 활짝 열어 줬다. 1929년 스탈린 휘하에서 관료는 모든 제약에서 벗어났다. 세계 다른 나라들의 자본주의와 경제적·군사적 경쟁을 벌인다는 목표를 추구한 국가관료는 러시아 노동계급에 대한 막대한 착취에 바탕을 두고 대규모 산업 확장에 착수했다. 노동자 조직들은 분쇄됐고, 수천 명의 노동자들이 처형되거나 강제노동수용소에서 죽었다.

마침내 서방과의 경쟁이 국제주의를 대체해 버렸다. 서방이 전투기를 가지면 소련도 전투기를 가져야 했고, 서방이 핵폭탄을 가지면 소련도 핵폭탄을 가져야 했다. 미국이 베트남을 진압했다면, 소련도 자신의 동유럽 위성국가(폴란드·헝가리·체코슬로바키아 등)와 아프가니스탄을 그렇게 했다. 소련은 도둑질과 협잡과 전쟁(제국주의 전쟁)의 살상 경기에 출전하는 또다른 경쟁자가 돼 버렸다. 서방이 경제 성장을 위해 노동자들의 생활수준을 저하시켰다면 소련도 그랬다. 1928년 이래로 소련은 다른 자본주의 열강과 똑같이 행동했다. 스탈린 자신보다 소련 체제의 논리를 더 잘 표현한 사람은 없다. "우리가 처해 있는 환경은 … 대내적·대외적으로 우리에게 급속한 산업 성장을 선택하도록 만든다." 관료의 역사적 구실은 소련 국가를 세계 유수의 열강으로 세우는 것이었다. 이 과정에서 사회주의적인 것은 아무것도 없었다. 매우 비슷한 확장이 1930년대 일본에서도 일어났다.

관료는 국내적으로도 세계의 다른 모든 지배계급과 똑같이 행동했다. 1928년부터 독립적 노동조합을 파괴했고, 파업권을 없앴고, 임금을 강제로 상한선 이하로 억제했다. 이런 것들이 오늘날 억압적 자본주의 정부의 정책이라는 사실은 소련이 단지 여러 자본주의 열강의 하나였을 뿐임을 보여 준다. 차이가 있다면, 노동계급을 개별 기업주가 직접적·개별적으로 착취한 것이 아니라 국가관료가 국가를 통해 간접적·집합적으로 착취했다는 것이다. 즉, 소련은 지배계급이 민간 기업인들이 아니라 국가관료로 편제된 사회였다. 축적을 위해 노동자들을 착취하는 이 체제는 사기업 자본주의와 형태는 다를지언정 본질은 전혀 다르지 않다. 그러므로 그런 체제는 (관료적 또는 전면적) 국가자본주의로 이해해야 한다. 그런 체제는 레닌이 말한 "살아 있는 창조적 사회주의," 레닌이 생각했던 바의 노동자 국가와는 정반대되는 것이다.

소련은 1920년대 후반 이후로 더는 자본주의 나라 노동자들에게 비추는, 미래 사회주의 사회를 가리키는 등대가 아니었다. 새로운 지배계급의 등장은 이후 전 세계에서 여러 세대의 노동자들이 '사회주의'라는 말에 정나미가 떨어져 그런 얘기를 하는 쪽은 쳐다보지도 않게 만드는 비통한 결과를 빚었다. 그것은 인류 해방의 꿈을 끔찍한 악몽으로 바꿔 버렸다.

그러나 이후에 일어난 일 때문에 10월혁명을 비난하는 건 옳지 않다. 뒤이어 일어났다는 사실만으로 꼭 인과관계가 성립하는 건 아니다. 철로 만든 제품이 비를 맞고 녹슬어 쓸모없어졌다 해서 그것을 만든 공장이 녹을 만들어 냈다고 말할 수는 없다. 이와 마찬가지로, 어떤 혁명이 그 몇 해 뒤에 일어난 일의 원인이라고 말할 수는 없다. 제국주의 외국군과 그 지원을 받은 구체제의 잔당들 때문에 혁명이 질식사한 것을 두고 혁명을 비난하는 건 부적절하다. 마치 시체를 부패시킨 병균 때문에 살인 사건의 피살자를 비난하는 것이 부당하듯이 말이다.

1917년 러시아에서 탄생한 노동자 권력이 실패한 이유는 (자유주의자들과 개혁주의자들이 주장하듯이) 사회주의 혁명이 필연적으로 독재를 낳기 때문이 아니고 (자율주의자들이 주장하듯이) 권력 자체의 속성이나 정당의 운동 관여 때문도 아니다. 러시아 혁명이 패배한 주된 이유는 사회주의를 세울 수 있는 토대가 위에서 봤듯이 외국 군대의 개입, 전쟁, 기아, 산업 붕괴 등으로 파괴됐기 때문이다. 노동자 없이 노동자 권력이 있을 수 없다. 그런데 노동계급이 궤멸됐다. 자원 없이 사회주의가 있을 수 없다. 그런데 러시아는 경제적 폐허 상태였고 전반적 기아를 겪었다. 노동자 당은 노동계급에게서 생명을 공급받는다. 그런데 그 계급이 파괴됐으니 당은 고립되고 마침내 그 고위 간부들이 지배계급이 됐다.

1917년 러시아 노동자 국가와 스탈린 치하의 관료 획일체 사이에는 완전한 단절(그리고 "피의 강물")이 존재한다. 그 사이에 누적적으로 퇴보가 일어났다. 국제주의에서 민족주의로, 노동자 민주주의에서 당 기구의 독재로, 토론의 자유와 당 규율의 자유로운 수용에서 관료에 대한 맹목적이고 수동적인 복종으로, 영감으로 가득 찬 활기에서 인류의 유일한 희망에 대한 냉소적 조롱으로 말이다.

이런 퇴보를 막기 위해 진정한 사회주의자들이 용기 있게 싸움에 나섰고, 그 과정에서 수만 명이 스탈린의 강제노동수용소에서, 총검 앞에서 죽어 갔다는 사실은 혁명을 이끈 당의 강고함과 사회주의적 헌신을 입증하는 것이다.

추천 도서

뉴싱어, 존. 샌더스, 팀. 2017, 《붉게 타오른 1917》, 책갈피

라비노비치, 알렉산더. 2017, 《1917년 러시아 혁명: 노동계급이 권력을 잡다》, 책갈피.

레닌. 1989, 《레닌의 반스딸린 투쟁》, 신평론.

리드, 존. 2005, 《세계를 뒤흔든 열흘》, 책갈피.

리브만, 마르셀. 2007, 《레닌의 혁명적 사회주의》, 풀무질.

세르주, 빅토르. 2011, 《러시아혁명의 진실》, 책갈피.

클리프, 토니. 2009~2013, 《레닌 평전 1~4》, 책갈피

트로츠키, 레온. 2003~2004, 《러시아혁명사》 상·중·하, 풀무질.

Kaiser, Daniel H(ed). 1987, *The Workers' Revolution in Russia 1917: The View From Below*, Cambridge University Press.

Lenin, V I and L Trotsky. 1979, *Kronstadt*, Monad Press.

Lewin, Moshe. 1968, *Lenin's Last Struggle*, Monthly Review Press.

Reiman, Michael. 1987, *The Birth of Stalinism: The USSR on the Eve of the "Second Revolution"*, I B Tauris & Co.

2장

레닌의 생애와 사상

들어가는 말

레닌은 죽기 전에 자신을 기리는 기념식을 성대하게 치르지 말고, 자신을 개인숭배하거나 모종의 사회주의적 성인으로 만들지 말라고 당부했다. 비록 이 글이 1990년대부터 유행한 레닌에 대한 근거 없는 비난에 맞서 그를 변호하는 것에 초점을 맞추고 있어 그의 말을 많이, 그리고 찬성해 인용하고 있지만 필자는 레닌의 말을 글자 그대로 믿는 정설주의자가 아니다. 예컨대, 레닌이 《제국주의: 자본주의의 최근 단계》에서 자본수출을 제국주의의 "기본적 특징들" 가운데 하나로 본 것은 부적절한데, 이것은 그가 저지른 여러 오류 가운데 하나다. 필

레닌의 가족. 가운데 서 있는 사람이 레닌의 형 알렉산드르, 오른쪽 아래가 레닌(1879년).

자는 레닌의 문구가 아닌 정신에 충실하고자 하며, 처음으로 레닌에 대해 읽는 독자를 위해 그의 이론과 실천의 가장 중요한 면을 있는 그대로 전달하려 노력했다.

레닌의 삶

레닌이 태어난 1870년 당시 러시아의 인구는 대부분 빈농이었고 그들 위에 절대군주인 차르가 군림하고 있었다. 주요 도시는 페테르부르크와 모스크바 두 군데밖에 없었다. 산업도 거의 없었고 중간계급은 아주 소규모였다. 선거도 없었고, 언론·출판·집회·결사의 자유도 없었고, 파업의 권리도 없었다. 이런 권리는 대부분 당시 서유럽에는 있었다. 차르의 궁전과 부유한 귀족의 저택은 감탄이 나올 만큼 화려했지만 대다수 국민의 삶은 그와 사뭇 달랐다. 도시 빈민은 끔찍이 가난했고, 농촌은 부족한 토지에 비해 인구과잉 상태였다. 1891년 기근 사대 때 수많은 농민이 굶어 죽는데도 귀족 지주들은 엄청난 양의 곡물을 수출했다.

레닌은 볼가 강변의 소도시 심비르스크에서 장학사의 둘째 아들로 태어났다. 그의 아버지는 나중에 교육감으로 승진했다. 가족이 그런대로 잘산 덕택에 울랴노프(레닌의 본명)의 어린 시절과 청소년기는 평온무사하고 안락했다. 그러던 1887년 그의 형 알렉산드르가 차르 시해 모반 혐의로 체포돼 교수형을 당했다. 대학 내 지하 급진 서클 회원이던 알렉산드르는 차르 알렉산드르 3세의 무자비한 폭압 통치에 맞서 테러 행위가 돌파구라고 본 것이다. 레닌이 형의 죽음에 대한 자신의 반응을 나중에 술회한 적은 없지만, 그 사건이 그에게 매우 심오한 영향을 미쳤음은 말할 나위 없다. 십중팔구 그 사건으로 말미암아 그는 학교 공부에서 멀어져 형에게 영향을 끼친 책을 읽은 듯하다. 1888년에 18세 청소년인 레닌은 죽은 형의 영향으로 마르크스주의 서적을 읽기 시작했다. 그가 마르크스주의자가 되기까지 5년에 걸친 진지한 탐구가 있었다.

초기 투사 시절

레닌은 카잔대학에 들어가 학생운동에 참여했다. 시위에 연루된 그는 퇴학당하는 아픔을 맛봤다. 4년 뒤에 그는 페테르부르크대학 입학 허가를 받았다. 학위를 받고서야 비로소 그는 혁명적 사회주의자 단체와 진지하게 일하기 시작했다. 페테르부르크 공업 노동계급은 더디게 형성되고 조직되기 시작했다. 대규모 섬유 공장과 금속 공장이 세워지고 있었다. 러시아 공업은 1890년대에 급속히 발전하기 시작했다. 1917년 러시아에 300만 명 이상의 공업 노동자들이 있었으나 이들은 여전히 농민의 바다 한가운데 떠 있는 조그만 섬 같았다.

바로 이 페테르부르크 공장 노동자들과 함께 레닌은 1893~1895년에 첫 정치적 경험을 습득했다. 그는 학습 서클을 시작했고, 리플릿을 만들어서 공장 문밖에서 배포했다. 처음부터 레닌은 노동자들의 삶을 세부적으로 파악하려 애썼다. 그래서 어떻게 하면 노동자들에게 가장 잘 요청할 수 있는지, 즉 어떻게 하면 그들에게 혁명적 정치를 설득할 쟁점들을 발견할 수 있는지 배울 수 있었다. 장차 레닌의 아내가 되는 크룹스카야는 당시 러시아의 마르크스주의자 지식인들이 노동자들을 "잘 이해하고 있지 못했고" 그들에게 "일종의 강의"를 했다고 회상했다. 레닌은 교육이라는 좀 더 어려운 일을 회피하지 않았다. 그래서 노동자들과 함께하는 학습 서클에서 마르크스의 《자본론》을 읽었다. 그뿐 아니라 파업, 공장법, 벌금, 노동법원 등의 쟁점들에 관해 여러 소책자를 썼다. 이것은 이론과 실천을, 마르크스주의 사상과 노동자들의 상황을 서로 연관시키는 것이었다. 이때가 레닌의 인생에서 매우 귀중한 시기였다. 20대 중반의 그가 노동자들의 지도사로 성상하고 있었기 때문이다.

1895년 말에 레닌은 제정 보안경찰에 체포됐다. 1년 수감후 3년의 시베리아 유형에 처해졌다. 시베리아 유형은 정치범이 말썽을 일으키지 못하도록 대중과 격리해 놓기 위해 제정러시아 정부가 애용한 방법이었다. 곧 크룹스카야도 시베리아유형을 선고받아 둘은 유형 중에 결혼했다.

1900~1905년 서구에서

석방되고 나서 곧 레닌은 러시아를 떠나기로 결심했다. 그는 러시아사회민주노동당에 가입했다. 그는 주된 과제가 당 신문인 〈이스크라〉('불꽃'이라는 뜻)를 제작하는 것이라고 봤다. 이일을 러시아 국내에서 할 수는 없었다. 그래서 레닌과 크룹스카야는 러시아 보안경찰의 감시를 피해 뮌헨·런던·제네바 등지에서 살았다. 갖가지 장애가 있었지만 신문을 제작하고 러시

"피의 일요일"에 동궁을 지키는 차르의 군대가 시위대에게 총을 쏘고 있다(1905년 1월).

아로 밀반입할 수 있었다.

　1903년 2차 당대회에서 당은 두 분파로 갈렸다(분열한 이유는 "레닌과 당" 절 참고). 하나는 '다수파'라는 뜻의 볼셰비키, 다른 하나는 '소수파'라는 뜻의 멘셰비키였다. 운동은 격심한 분파 투쟁으로 분열했고, 레닌은 대회와 그 후유증으로 극심한 스트레스를 받아 정치 활동을 완전히 중단한 채 크룹스카야와 함께 스위스에서 등산을 했다. 그러나 곧 활동에 복귀해 러시아에서 온 보고서들을 검토했고 혁명이 임박했다는 판단을 내렸다.

1905년 혁명

1905년 1월, 노동자 20만 명이 탄원서를 들고 수도를 가로질러 차르가 사는 동궁으로 평화 행진을 했다. 탄원은 하루 8시간 노동, 노동자 권리 인정, 헌법 제정 등을 요구하는 것이었다. 차르는 시위대에게 발포하라고 명령했다. 많은 노동자들이 총격으로 사망했다. 혁명이 일어났다. 불행히도 운동을 조직하고 지도하는 단체가 없었다. 페테르부르크와 모스크바에서 총파업이 일어났고, 농촌에서 대규모 소요 사태가 일어났고, 많은 수병이 반란에 가담했다. 그러나 육군은 충성을 지켰다. 차르 니콜라이 2세는 처음에는 양보 조처를 취하는 듯했지만 곧 운동을 야만적으로 탄압했다. 1만 5000명이 살해되고 1만 8000명 이상이 부상당하고 7만 9000명이 구속됐다.

볼셰비키는 사태에 결정적 영향을 미칠 수 없었다. 이들은 아직 약체였고, 충분히 조직돼 있지 못했고, 이제 막 노동계급 속에 뿌리내리기 시작했다. 레닌은 페테르부르크로 돌아왔지만 곧 다시 망명해야 했다. 혁명 과정에서 매우 중요한 것이 등장했다. 바로 소비에트, 즉 노동자 평의회였다. 최초의 소비에트는 혁명이 절정이던 때 페테르부르크에서 설립됐다. 노동자 500명당 한 명꼴로 대표를 뽑았고, 선출된 대표들은 소환될 수 있었고, 정책 수립을 위해 자주 집회를 열었다. 트로츠키는 페테르부르크 소비에트 대의원들이 전원 체포될 때 페테르부르크 소비에트의 최후 의장이었다.

1906~1914년 퇴각과 회복

이 시기는 레닌의 인생에서 가장 어려운 때였다. 동지들 사이에서 낙담과 의기소침이 퍼지기 시작했고, 당원 수가 격감했다. 무엇을 조직하려 해도 어려웠다. 당시 레닌은 다음과 같이 썼다. "우리는 조직을 말하고 중앙집중을 말한다. 그런데 실제로는 가장 중앙 부위에 있는 동지들 사이에서조차 불일치와 아마추어 같은 서투름이 만연해, 사람들은 넌더리가 나 다 집어치우고 싶어 했다." 그래도 레닌은 운동을 결속하기 위해 계속 움직였다. 그는 제네바와 파리에서 활동했다. 당 활동가 훈련소를 세우고, 러시아에서 오는 정보를 모두 수집하고, 러시아 자본주의와 농업 문제를 탐구하는 데 많은 시간을 쏟았다.

차츰차츰 상황이 호전돼 1911~1914년에는 러시아 노동자들의 전투성이 크게 부활했고, 그에 따라 볼셰비키도 성장했다. 1912년 4월 시베리아의 레나 광산에서 파업 광원의 시위를 겨냥해 경찰이 발포하는 사태가 벌어졌다. 170명이 죽었다. 모스크바와 페테르부르크에서 대규모 연대 파업이 일어났다. 노동조합이 급속히 성장했고, 그 안에서 볼셰비키의 영향력도 급성장했다. 그래서 제1차세계대전이 일어날 때쯤 러시아 노동계급은 그전 어느 때보다 더 강력했다.

1914~1917년 전쟁과 혁명

러시아 지배계급은 제1차세계대전에 참가했다. 그들은 해외에서 승리하면 국내에서 혁명을 저지할 수 있으리라는 희망을 품고 있었다. 1917년에 이 희망은 산산이 부서졌다. 농민과 노동자 수십만 명이 생명을 잃었고 러시아 군대는 후퇴해야 했다. 도시에서 식량 배급을 기다리는 사람들의 줄은 계속 늘어갔고, 정부는 인플레 진정에 완전히 무력했으며, 노동자들의 선동 고양에도 속수무책이었다.

레닌은 대다수 유럽 사회주의자들과 달리 애초부터 전쟁을 반대했다("레닌과 국제주의" 절 참고). 그는 국가 간 제국주의 전쟁을 계급 간 내전으로 전환시키고, 착취를 끝장내고, 생산수단을 노동자들의 수중에 둬야 한다고 주장했다. 이것은 처음에는 비현실적인 꿈처럼 들렸다. 각국 노동자들이 자국 지배자들의 애국주의 선전에 압도당했기 때문이다. 그러나 무의미하고 끔찍한 학살이 계속됨에 따라 레닌의 주장은 차츰 지지를 얻었다. 레닌은 전쟁에 반대하는 사회주의자들을 모두 규합하는 일에 솔선했고, 그 과정에서 국제적으로 중요한 혁명적 지도자로 명백히 떠올랐다. 그렇지만 레닌은 상황이 그토록 극적이고 갑작스럽게 바뀔지는 몰랐다. 1917년 2월 스위스

페트로그라드에 도착한 레닌(1917년 4월).

청중 앞에서 연설하면서 그는 다음과 같이 말했다. "우리 늙은
이들은 살아서 혁명을 보지 못할 것입니다." 2주 뒤 러시아에
서 혁명이 일어났다. 이번에는 군대가 페트로그라드 노동자 반
란을 지지했고 차르는 퇴위했다.

1917년 2월혁명과 10월혁명

마흔일곱 살이 된 레닌은 인생의 결정적 계기를 맞이했다.
이 시점까지 그가 해 온 모든 일은 지금 그가 마주하고 있는
상황을 위한 준비였던 셈이다. 러시아에서 모든 좌파 정당의
지지를 받아 중간계급 정부가 수립됐다. 그러나 이 정부와 나

코르닐로프 군대의 무장을 해제하고 있다(1917년 8월).

란히, 또 이 정부의 권위에 이의를 제기하면서 러시아 전역에서 소비에트(노동자 소비에트, 병사 소비에트, 농민 소비에트)가 등장했다. 이것은 '이중[이원]권력' 상황이었다.

레닌은 가까스로 1917년 4월 러시아로 귀국했다. 돌아오자마자 그는 볼셰비키가 중간계급 정부에 협력하지 않을 것이라고 선언했다. 그 대신에 노동자들이 권력을 잡을 수 있는 길이 열렸다고 선언했다. 레닌은 노동자 혁명을 이룩할 수 있다고 역설했다. 농민이 노동자를 지지하기만 한다면 말이다. 또 러시아 혁명은 서유럽 나라에서 비슷한 혁명을 촉발시킬 것이다. 레닌은 "모든 권력을 소비에트로"라는 구호와 "빵, 평화, 토지"

라는 구호를 제시했다. 그리고 자신의 견해를 다른 볼셰비키가 수용하도록 전력을 다해 노력했고, 소비에트 안에서 볼셰비키의 영향력이 확산되도록 노력했다("레닌과 당" 절 참고).

7월, 자생적인 페트로그라드 노동자 거리 시위가 정부 타도를 요구했다. 레닌은 지지하기를 망설였다. 노동자들이 아직 무장하지 않았고, 러시아의 나머지 지역이 아직 그럴 태세가 돼 있지 않았고, 혁명을 위한 계획이 미처 세워지지 않았기 때문에 레닌은 자제를 촉구했다. 시위는 강제 진압당했고 트로츠키와 볼셰비키 당원들이 체포됐다. 레닌은 지하로 숨었다. 기회는 사라진 듯했다.

8월 말에 반혁명을 일으키기로 결심한 반동적 장군 코르닐로프가, 부대를 이끌고 페트로그라드로 행군했다. 정부는 코르닐로프에 맞서 노동자들의 저항을 조직하려면 볼셰비키의 도움을 받아야 했기 때문에 어쩔 수 없이 볼셰비키에 대한 활동 금지령을 해제했다. 이때쯤 볼셰비키의 영향력과 위신은 엄청나게 높아졌고, 볼셰비키는 코르닐로프 부대의 병사들에게 탈영을 설득함으로써 코르닐로프를 효과적으로 저지했다.

이제 볼셰비키는 페트로그라드 소비에트에서 다수가 됐고, 전국의 노동자·병사·농민 속에서 볼셰비키를 지지하는 분위기가 득세하기 시작했다. 10월 초에 레닌은 혁명을 위한 적

내전 시기에 백군의 공격으로부터 페트로그라드를 방어하기 위해 바리케이드를 쌓고 있는 노동자들(1919년 10월).

기適期가 왔다고 판단하고 볼셰비키 중앙위원회가 봉기 조직을 찬성하도록 설득해 다수의 지지를 확보했다("레닌과 전술" 절 참고). 페트로그라드 노동자·병사의 지지를 받아, 또 페트로그라드 소비에트의 지지를 받아 볼셰비키는 동궁을 공격했고 권력을 잡았다. 레닌은 페트로그라드에서 열린 전 러시아 소비에트 대회에서 우레와 같은 박수갈채를 받으며 연설했다. 연단 위로 상체를 구부리며 그는 다음과 같이 말했다. "동지들, 우리는 이제 사회주의 질서를 건설하기 위해 나아갈 것입니다."

1918~1920년 내전

레닌은 자신의 이 유명한 말을 현실로 바꾸려 노력했지만 곧 상상할 수 있는 온갖 장애물에 부딪혔다. 비싼 대가를 치르며 브레스트-리토프스크에서 독일과 강화조약을 맺었지만, 소비에트 국가는 자본주의 복구를 위한 반혁명 군대인 백군의 침략을 받았다. 백군은 자본주의 열강들의 후원을 받아 무장했다. 영국·프랑스·미국·일본 등 여러 국가가 새로운 소비에트 러시아를 파괴하기 위해 군대를 보냈다. 러시아의 고립을 끝장내기 위해 필요한 대망의 서구 혁명은 일부 나라들에서는 궤멸됐고 다른 나라들에서는 일어나지 않았다. 러시아 안에서 경쟁 좌파 정당들은 볼셰비키(1918년 공산당으로 개명)를 타도하려고 음모를 꾸몄고, 레닌은 암살범의 저격을 받아 가까스로 죽음을 모면했다. 레닌 말대로 "극도로 어렵고 복잡하고 위험한 상황"이었다.

혁명이 생존할 수 있었던 것은 트로츠키가 적군으로 편제한 러시아 대중이 영웅적으로 발휘한 용기와 희생정신 덕분이었다. 또 혁명 직후 토지를 분배받은 농민이 적군에 제공한 지지가 큰 구실을 했다. 결코 간과하면 안 되는 다른 요인은 레닌의 당이 견지한 엄격한 규율이었다. 한순간 백군이 페트로그라드를 장악하는 일이 불가피한 듯했을 때도 수도는 성공적으로 방어됐고 1920년쯤에 반혁명의 즉각적 위협은 지나갔다.

러시아 혁명의 지도자 레닌은 1924년 1월 21일 쉰세 살의 나이로 죽었다.

역경을 딛고 볼셰비키 혁명은 생존했다.

1921~1924년 재건과 레닌의 사망

생존의 대가는 매우 비쌌다. 러시아는 내전과 혼돈에서 이제 막 벗어났다. 공업 생산은 격감했다. 노동계급은 규모가 크게 줄어든 데다 분산돼 있었고, 농민은 군대와 도시에 식량을 공급하기 위해 무자비하게 쥐어짜였다. 전쟁 상황 때문에 공산주의자들이 더욱더 국가 권력을 장악했고, 당이 소비에트를 대신해 의사 결정 기구 구실을 했다("레닌과 노동자 권력" 절 참고). 관료가 당 안팎에서 성장했고, 옛 제정 국가기구의 잔재가 상당히 남아 있었고, 기술자·의사·기사 등 전문가의 능력을 빌리기 위해 높은 임금을 지급해야 했다. 농민반란을 우려해서 1921년 3월 레닌은 신경제정책을 도입할 수밖에 없었고,

이 때문에 일부 경제 부문에서 자본주의가 부활했다.

이 모든 일은 사회주의의 신속한 확립을 바랐던 1917년 레닌의 소망과 애처롭게 대조를 이뤘다. 생애 마지막 몇 년 동안 레닌은 전쟁과 서구 혁명 불발로 소비에트 국가가 기형화되는 것을 막기 위해 전력을 다했다. 그는 새롭고 덜 관료적인 당의 필요성, 농민의 정치의식을 높이기 위해 모든 노력을 기울일 필요성, 농업 생산과 공업 생산의 증대를 통해 러시아 민중의 생활수준을 향상시킬 필요성을 촉구했다. 또 전 세계 공산주의자들의 활동을 조직화하기 위해 새 인터내셔널의 결성을 지도했다("레닌과 국제주의" 절 참고).

시간은 레닌 편이 아니었다. 그의 건강은 급속히 악화해 1922년 5월 뇌졸중을 일으켰다. 그로 인해 언어장애와 부분적 신체 마비를 겪었다. 1922년 말과 1923년 초에는 마지막 글을 써 스탈린이 위험인물임을 당에 경고했다. 레닌은 스탈린에게 너무 많은 권력이 집중돼 있고, 스탈린은 용인할 수 없는 방식으로 권력을 사용해 신흥 소비에트 국가가 그루지야인 등 소수민족에게 보장한 권리를 박탈했다고 말했다. 레닌은 새 서기장을 물색하라고 당에 조언했다. 1923년 3월 레닌은 또다시 뇌졸중 발작을 일으켜 모든 신체 능력을 잃고 식물인간이 됐다. 열 달 뒤인 1924년 1월 21일 그는 쉰세 살의 나이로 죽었다.

크렘린에서 열린 코민테른 3차 대회의 한 모임에서 연설하는 레닌.

레닌의 인격

레닌의 삶에 대한 개략적 대요로는 그의 인격이나 품성을 제대로 파악할 수 없다. 그래서 잠시 레닌의 개인적·정치적 자질을 살펴보는 것도 괜찮을 것이다. 왜냐하면 이런 특성 덕택에 동지들한테서 두드러지게 존경받았고 주의를 끌었기 때문이다.

첫째이자 가장 중요한 특징은 레닌이 사회주의 투쟁에 전적으로 헌신했다는 점이다. 레닌에게는 사람들과 그들의 행동을 판단하는 잣대가 오직 하나밖에 없었는데, 그것은 사회주의 성취에 보탬이 되는지 아닌지였다. 트로츠키는 자신이 레닌한테서 받은 압도적 인상을 "오직 한 가지에만 집중하기"라고 요약하면서 그 한 가지는 바로 러시아의 사회혁명이라고 했다. 이와 관련해 레닌의 반대자인 멘셰비키 당원 단은 다음과 같이 말했다. "레닌은 24시간 내내 혁명만 생각한다. 이런 사람을 도대체 어떻게 이길 수 있는가?" 빅토르 세르주도 레닌과의 첫 만남에서 이와 비슷한 인상을 받았다. "골몰하는 프로의 긴급함밖에 들여다보이지 않았다. 그 프로는 일이 행해지기를, 그것도 신속히 또 잘 행해지기를 바라며 그것에 골몰한다."

사회주의 혁명에 일신을 바치는 자세는 행동의 과단성과 결합됐다. 레닌은 머뭇거린 적이 별로 없었다. 행동의 진로를 놓고 일단 결심이 서면 반드시 관철시켰다. 사사로운 고려는 전혀 끼어들 여지가 없었다. 친구와의 개인적 관계는 레닌의 정치적 판단에 전혀 영향을 주지 않았다.

이런 단호함이 독단을 뜻하는 것은 결코 아니었다. 오히려 레닌은 다른 사람의 의견을 귀담아들을 줄 알았다. 기회만 나면 자신이 잘 모르는 상황에 대해 동지들에게 질문했고 그들에게서 배웠다. 이처럼 듣고 배우는 자세, 자신의 무지를 기꺼이 인정하는 자세는 그를 아는 모든 사람에게 좋은 인상을 남겼다. 그는 다른 사람의 감정을 아랑곳하지 않고 경솔하고 서투르게 상황에 뛰어드는 타입이 아니었다. 결정을 내리기 전에 상황을 관측하고 조용히 그 핵심을 요약하곤 했다. 프랑스 혁명가 알프레드 로스메르는 코민테른에서 레닌과 함께 활동하면서 받은 인상을 다음과 같이 묘사했다. "그는 토론을 처음부터 끝까지, 그리고 주의 깊게 경청한다. 물론 때때로 끼어들지만 언제나 생기 있고 장난기 있는 표정으로 개입한다."

마지막으로 언급할 레닌의 자질은 막대한 권위와 권력이 생긴 후에도 행동 방식이 달라지지 않았다는 것이다. 레닌에 대한 호된 비판자인 안젤리카 발라바노바조차 이 점을 인정하며 다음과 같이 말했다. "집권 후에도 레닌은 전과 똑같았다. … 전처럼 단정한 걸음걸이로 연단에 올라가 박수 소리를 무시하고 곧장 준비해 온 주장을 했다. … 그는 여전히 시골 학교 교장 같은 분위기를 풍겼다." 세르주는 다음과 같이 말했다. "그의 말씨나 태도나 행동에는 권위주의적 냄새가 조금치도 없었다." 루나차르스키는 다음과 같이 썼다. "그는 그저 전과 마찬가지로 일했다." 레닌은 어떤 특권도 거절했다. 1918년에 그의 월급이 500루블에서 800루블로 오르자 수령을 거부하고 봉급 인상을 결정한 책임자를 엄하게 꾸짖었다. 1920년 9월 모스크바의 한 도서관에서 사전을 대출하고 싶었던 레닌은 대출 신청서에 다음과 같이 썼다. "도서관 규정상 사전의 외부 대출이 금지돼 있다면 단지 하룻밤만 대출하면 안 되겠습니까? 아침 일찍 반납하겠습니다."

레닌과 당

레닌이 혁명적 사회주의자들에게 남겨 준 가장 위대한 교훈 하나는 당에 대한 것으로, 특히 볼셰비키 건설 경험이다. 그의 당 개념의 요체는 혁명적 당이 규율 있고 중앙집중적이며 민주적이어야 하고, 시기상의 필요에 부응할 수 있을 만큼 유연해야 한다는 것이다. 이 점을 차례차례 살펴보자.

전위 정당의 필요성

정치 활동 초기부터 레닌은 노동자들의 전투성이 노동조합 선동이라는 좁은 한계 안에 갇힐 위험을 경고했다. 임금 인상과 여타 노동조건 개선을 위한 투쟁은 쉽사리 노동자 투쟁의 가장 중요한 주안점이 될 수 있고 실제로 일부 나라에서는 이미 그렇게 됐다. 1902년에 출판된 유명한 책 《무엇을 할 것인가?》에서 레닌은 노동계급이 보통은 노동조합 의식밖에 성취할 수 없다고까지 주장했다. 즉, 노동조합을 결성하고 고용주에 맞서 싸우고 정부의 노동법 개악을 막기 위해 싸우는 등의 필요성을 확신하는 것 이상으로 발전하지 못한다는 것이다.

레닌은 노동조합 의식에 머무는 경향에 맞서 싸우려면 노동계급의 가장 전투적이고 선진적인 부위를 결속하고, 단순한 노동조합운동에 머물던 투쟁을 자본주의 정치·경제 체제 전체에 대한 공격으로 전환시킬 혁명적 사회주의 정당이 필요하다고 주장했다. 노동계급 투쟁이 단지 괜찮은 노동력 판매 조건을 성취하는 것뿐 아니라 노동력 판매를 강요하는 사회질서를 파괴하도록 지도하는 당이 필요하다는 것이었다.

노동계급 내의 일부 부문과 개인이 다른 부문과 개인보다 정치적으로 더 선진적이므로 이들 전투적 노동자들의 정치적 경험을 종합해 공유할 수 있고, 고립을 극복할 수 있고, 공동의 성치석 행동을 계획할 수 있는 조직으로 그들을 끌어들일 필요가 있다. 레닌은 이런 조직을 다음과 같이 그림처럼 생생하게 묘사했다. "우리는 서로 손을 굳게 잡고 가파르고 험한 오솔길을 따라 행진하고 있다." 당은 당원에게 마르크스주의를 교육하고, 노동계급의 역사를 잘 알도록 해야 한다. 또 일상 투쟁에서 필요한 기본적인 정치적 기술, 가령 노동조합 절차에 대한 지식, 대중 연설 경험, 리플릿 쓰고 제작하기, 행동을 조직하고 조정하기 등을 가르쳐야 한다. 당원은 공장 안에서, 그리고 자유로이 출입할 수 있는 모든 공공시설(예컨대 대학·병원·은행·교회 등) 안에서 활동하면서 동료 노동자의 정치의식을 높이고 혁명적 사회주의를 지지하도록 설득해야 한다.

1917년 혁명 상황에서 볼셰비키가 활동한 방식은 이런 생각이 실행됐음을 보여 준다. 1917년 2월 차르가 타도됐을 때 볼

페테르부르크 '노동계급해방동맹'의 회원들과 찍은 사진(1896년). 앞줄 맨 오른쪽이 마르토프고 그 옆이 레닌이다.

셰비키 당원 수는 2만 3600명이었다. 4월에 레닌이 귀국해 노동자 혁명의 때가 왔다고 중앙위원회를 설득했을 때 볼셰비키 평당원의 과제는 소비에트 안에서 다수를 설득해 새 혁명을 위한 기초 작업을 하는 것이었다. 여기에는 임시정부에 대한 비협조를 주장하는 것이 포함되고, 도시와 농촌에서 볼셰비키가 지지를 얻을 수 있도록 올바른 구호들을 제기하는 것이 포함된다. 볼셰비키 지도부, 특히 레닌의 정치적 시각이 명쾌했던 덕분에 볼셰비키 간부들은 다른 사회주의 정당 간부들과 달리 자신의 과제가 무엇인지 정확히 알고 있었다. 노동계급 속에서 경험을 쌓고 훈련받고 뿌리를 내리고 있었던 덕분에 볼셰비키 간부들은 레닌이 개괄적으로 설명한 과제를 전위로서 수행할 준비가 돼 있었다. 그들은 자신의 작업장에서 지도를 맡아야 했다. 1917년 6월 페트로그라드에서 50만 명이 참가한 대중 시위가 벌어졌는데, 이때 노동자·병사가 든 팻말에는 대부분 볼셰비키의 구호가 적혀 있었다. 10월 초쯤 볼셰비키는 페트로그라드와 모스크바 노동계급의 명백한 지도자였다.

규율, 중앙집중, 민주주의

엄격한 규율과 고도의 중앙집중이 없었다면 이런 일치된 행동은 불가능했을 것이다. 이런 특성은 레닌이 1902년 이래 줄곧 주장해 온 것이었다. 1903년 볼셰비키와 멘셰비키가 분열한 핵심 원인도 바로 이것이었다. 1903년 당대회에서 레닌은 당원을 "당 강령을 받아들이고, 물질적 수단으로 당을 지원하고, 당 기구 가운데 하나에 **직접 참여하는**" 사람으로 규정해야 한다고 요구했다. 멘셰비키 지도자 마르토프가 제시한 안은 똑같은 말로 시작하지만 뒷부분이 "당 기구 가운데 하나의 지도를 받아 정기적·개인적으로 협조하는" 사람이었다. 차이는 작았지만 중요했다. 레닌의 당 개념은 당원이 당의 규율에 복종하는 꽉 짜인 조직이라는 것이었기 때문이다. 명백히 이것은

붉은광장에서 적군 병사들에게 연설하고 있는 레닌(1919년 5월 25일).

당원이 실제로 당 조직 안에 있을 때만 가능한 것이지, 단지 당 조직의 **지도**를 받는 것만으로는 가능하지 않다. 당대회 참석 대의원 가운데 러시아에서 비합법 활동을 하는 사람들이 레닌을 지지한 것은 결코 우연이 아니었다.

규율과 중앙집중이 어떻게 민주주의와 조화될 수 있는가? 레닌의 답은 민주집중제였다. 당의 각 지부는 당의 최고 기구인 당대회에 참석할 대의원을 선출했다. 당대회에서 대의원들은 당이 직면하고 있는 주요 문제에 관해 결정을 내리고 마지막에 다음 대회까지 지도 기관이 될 중앙위원회를 선출했다.

모든 지부가 이 중앙위원회의 통제를 받았다. 그리고 중앙위원회는 일정한 수의 지부가 불신임을 나타내면 비상 협의회로 소환당했다. 이처럼 지도부는 광범한 권한을 보장받았으나 언제나 당대회의 최종 권위에 종속됐다.

상황이 허락하는 한 당 안에서 반대와 비판을 상당히 허용해야 한다고 레닌이 주장했음을 언급할 가치가 있다. 중앙위원회는 나머지 당에 지령을 내리는 모종의 획일주의적 집단이 아니라는 것이다. 예컨대, 1917년 4월 레닌이 대다수 볼셰비키 지도부에 맞서 투쟁했던 경우와 혁명 후 독일과의 강화조약을 둘러싼 논쟁처럼 커다란 정치적 의견 차이가 있었던 경우가 수없이 많았다.

유연함

민주집중제가 언제 어디서나 당원의 권리를 보장하고 지도자의 권한을 견제하는 모종의 마술적 제도는 아니었다. 제정 러시아의 비합법 상황에서는 비밀 유지의 필요성 때문에 당내 선출을 공공연하게 할 수 없었다. 내전과 내전 직후 시기에도 상황의 심각성 때문에 흔히 레닌은 자의적으로 행동해야 했다. 1921년에조차 크론시타트 반란을 겪으면서 당내의 조직적 반대를 일절 금지할 수밖에 없었다. 언제나 민주주의와 권위 사이의 균형은 당이 직면한 문제와 과제에 달려 있었다.

이것이 당에 대한 레닌의 가르침의 요점이다. 규율·중앙집중·민주주의는 당이 돌아가는 대강의 원리였을 뿐 결코 철칙은 아니었다. 당은 끊임없는 상황 변화에 민첩하게 대처할 수 있도록 유연해야 했다. 당은 틀에 박힌 활동만 하면 안 되고, 전통에 얽매여 꼼짝 못 하는 보수주의에 빠져서도 안 된다. 당의 조직 형태는 혁명적 사회주의 운동을 촉진하는지를 기준으로 보면 된다. 때때로 예외적 상황에서는 당에 불복종해야 할 수도 있다. 레닌은 **맹목적 복종**을 설교하지 않았다. 이것은 내전이 한창일 때 적군 병사에게 한 연설에 명징하게 요약돼 있다. "대의에 해로운 명령이나 지시에는 복종하지 마십시오. 양심이 명령하는 대로 하십시오. 명령의 결과가 나쁘고 여러분의 행동이 옳은 것으로 드러나면 아무도 여러분을 비난하지 않을 것입니다. 그러나 명령이나 지시를 따르지 않고 그 결과가 나쁘게 나타나면 여러분은 모두 총살당할 것입니다."

레닌과 전술

레닌은 최고의 전술가였다. 정치투쟁에서 다음 조처에 대한 판단과 그런 조처의 타이밍은 선견지명으로 가득 차 흔히 동료들을 어리둥절하게 만들었다. 트로츠키가 "예리한 통찰력에 근거"했다고 부른 레닌의 방법을 간단히 살펴보자.

사슬의 올바른 고리

레닌은 투쟁의 각 단계마다 핵심 고리가 있어서 그것을 포착해야 다음 단계로 나아갈 수 있음을 알았다. 모든 당 간부는 이 핵심 요인을 발견하기 위해 자신이 처해 있는 상황을 분석하려 애써야 한다. 그것은 어떤 지구에서 활동을 다시 조직하는 모종의 방법일 수도 있고, 저 공장이 아니라 이 공장에 활동을 집중하자는 결정일 수도 있고, 올바른 구호를 제기하는 것일 수도 있고, 노동조합 집회에서 올바른 정식 제안을 내놓는 것일 수도 있고, 어떤 공장에서 당의 신뢰를 높이려는 일일 수도 있고, 국가 권력을 탈취하는 일에 대한 결정 같은 엄청난 일일 수도 있다.

이에 대해 레닌은 다음과 같이 분명하게 썼다. "혁명가나 사회주의 지지자, 공산당원이라는 것만으로는 불충분하다. 그때그때 사슬의 특정 고리를 찾아내 온 힘을 다해 그것을 붙잡아야 사슬 전체를 쥘 수 있고 다음 고리로의 전환에 굳건히 대비할 수 있다. 고리의 순서, 형태, 고리 간의 상호 연결 방식, 역사적 사건이라는 사슬 속에서 각각의 고리가 서로 어떻게 다른지 등은 대장장이가 만드는 사슬의 고리만큼 단순하지도,

무의미하지도 않다." 레닌은 똑같은 일을 별 생각 없이 되풀이하지 말고 전진 방법을 숙고하라고 촉구했다.

막대기 구부리기

어떤 상황의 핵심 고리를 발견하면 "온 힘을 다해 그것을 붙잡아야 한다." 여기에는 그 고리를 거듭거듭 강조해 마침내 모든 사람이 그 중요성을 이해할 수 있도록 하는 것이 포함된다. 필요하다면 다른 활동 분야를 배제하면서까지 그 고리를 강조해야 한다. 레닌은 이것을 "막대기 구부리기"라고 불렀다. 즉, 목적을 이루기 위해서는 정치 활동이라는 막대기를 한 방향으로 꽤 구부려야 한다. 만일 한 지역에서 노동계급 기반을 건설하는 것이 가장 필요하다면 모든 동지들이 공장 활동에 집중해야 했다. 흔히 다른 유형의 활동을 배제하면서까지 그랬다. 만일 당원 교육이 가장 필요하고 바로 그것이 핵심 정치 일정이라면 목적을 이룰 때까지 끊임없이 반복해야 했다. 일단 일을 수행하면 막대기를 정상 위치로 도로 갖다 놓을 수 있다. 그러나 거기서 오래 머무를 수 없다. 새 일이 일정에 오르면 다시금 새로운 강조가 필요할 수 있기 때문이다. 그리고 다시금 막대기를 특정 방향으로 구부린다. 오직 이런 식으로만 당은 진보할 수 있고 자기만족을 피할 수 있다.

적절한 때(시점)

강조 자체는 충분치 않다. 행동을 위한 때를 판단해야 하고, 그다음에 과단성 있게 행동해야 한다. 루나차르스키는 다음과 같이 썼다. "레닌은 기회주의를 천재적 재능 수준으로 끌어올리는 능력이 있었다. 내가 말하는 기회주의는 정확한 때를 포착할 수 있고 혁명이라는 불변의 목표를 위해 그것을 활용하는 법을 항상 아는 것이다." 올바른 결론에 도달해도 너무 늦으면 소용 없디. 때기 지니가 버린 후 '쯧, 이렇게 헸디라면 …' 하고 후회하지 않도록 알맞은 행동의 때를 고르는 것은 가장 어려운 일이다.

이 점에 관한 레닌의 능력은 1917년 9월과 10월 최대 시험을 치렀다. 당시 레닌은 국가 권력 장악에 적절한 순간이 왔다는 점을 이해하지 못하고 행동하기를 주저하는 볼셰비키 중앙위원회를 설득해야 했다. 9월에는 중앙위원회가 만장일치로 봉기에 반대하는 결정을 내렸다. 은신 중이던 레닌은 중앙위원회가 문제를 중대하게 생각하지 않는다면 중앙위원회에서 사임하겠다고 위협했다. 그리고 계속 편지를 보내 무장봉기를 준비하라고 촉구했다. 10월 초에 레닌은 조금만 더 지체하면 치명적 결과를 낳을 것이라고 경고했다. 그리고 다음의 말을 반복했다. "러시아 혁명과 세계 혁명의 성공은 2~3일간의 투쟁으로 좌우될 것이다." 마침내 10월 10일 중앙위원회에서 레닌은

10 대 2로 봉기에 대한 찬성을 이끌어 냈다. 심지어 이 표결 후에도 레닌은 봉기가 실행되도록 맹렬한 투쟁을 해야 했다.

레닌이 온 힘을 다해 투쟁하지 않았다면, 그래서 기회를 놓쳤다면 사태가 어떻게 됐을까? 이 물음에 트로츠키는 다음과 같이 답변한다. "혁명 상황이란 마음대로 보존할 수 있는 게 아니다. 만일 볼셰비키가 10월과 11월에 권력을 장악하지 않았다면 십중팔구 그들은 아예 권력을 못 잡았을 것이다. 대중은 볼셰비키에게서 (확고한 지도가 아니라) 지긋지긋한 말과 행동의 불일치를 발견하고는 자신의 희망을 저버린 이 당에게서 두세 달 안에 멀어졌을 것이다."

퇴각의 기예

혁명가의 활동이 모두 이처럼 영예롭지는 않았다. 상황이 불리할 때는 퇴각하는 법도 배워야 했다. 레닌은 다음과 같이 썼다. "우리보다 무장이 더 잘 돼 있는 적에 맞서 싸울지, 싸운다면 언제 싸울지를 공공연히 말하는 건 우리 자신의 행동의 자유를 빼앗는 것으로, 혁명적이기는커녕 어리석은 짓이다. 명백히 우리가 아니라 적이 유리한 때에 전투를 벌이는 것은 일종의 범죄다." 용의주도한 후퇴는 공공연한 공격만큼 유용하고 결정적일 수 있다. 여기서도 시금석은 최종 결과다. 즉, 후퇴가 올바른 행동 방침으로 판명되는지 여부다.

때때로 선택의 여지가 없는 경우가 명백히 있다. 예컨대, 1905년 혁명 이후 레닌이 직면한 상황이 그랬다. 절망과 냉담이 당에 슬며시 스며듦에 따라 레닌은 가장 강력한 지부들과 당원들을 결속할 줄 알아야 했다. 그래야 상황이 나아지면 조직을 다시 건설할 수 있는 중핵을 보존할 수 있다. 그일은 아주 힘들었다. 희망과 낙관이 아니라 암울한 절망이 팽배한 분위기였기 때문이다. 많은 사람들이 장차 퇴각의 기예 같은 것을 배울 필요가 없기를 바라겠지만 불행히도 노동계급 운동의 역사는 그 기예가 얼마나 필요한 것인지를 보여주고 있다.

과오에서 배우기

아무도 언제나 옳을 수 없다. 레닌을 포함해 모든 사회주의자는 잘못을 범한다. 경험이 부족할수록 실수는 불가피하다. 예컨대, 파업이나 점거 투쟁을 처음 이끌어 보는 혁명가를 생각해 보라. 잘못에 대한 레닌의 태도는 정직하고 단순 명쾌했다. 즉, 진짜로 어리석은 사람은 과오를 범하고도 그 사실을 인정하지 않는 사람이라는 것이다. 훌륭한 혁명가는 이와 달리 행동해야 한다. 자신이 과오를 범했음을 깨닫는 즉시 피해를 줄이려 애써야 한다. 자신의 실수를 빨리 인정할수록 오류를 늦기 전에 그만큼 더 잘 시정할 수 있다. 그리고 과오에서

제정 러시아의 의회인 두마의 회의 모습.

배우는 것이 정말로 중요하다.

레닌의 국가론

레닌은 의회를 통해 사회주의로 갈 수 있다거나 평화적으로 사회주의를 성취할 수 있다는 환상을 품은 적이 없다. 그는 노동계급이 국가 권력을 장악하려면 의회와 자본주의 국가를 분쇄해야 하고 그것은 어쩔 수 없이 폭력적 과정이 될 수밖에 없다고 아주 분명하게 말했다. 계속해서 그는 자본주의에서 공산주의로의 전환기에는 프롤레타리아 독재가 필요할 것이라고, 바꿔 말해 자본가계급의 저항을 완전히 끝장낼 때까지는 노동계급이 지배계급이 될 필요가 있다고 했다. 그다음에야 비로소 국가의 '시들기', 즉 국가가 사라지는 과정이 일어날 수 있을 것이다. 그때야 비로소 공산주의가 도입될 수 있을 것이다.

이런 레닌의 국가론은 오늘날 혁명적 사회주의자의 전략과 중대한 관련이 있기 때문에 좀 더 자세히 살펴봐야 한다.

의회, 자본주의 국가, 분쇄의 필요성

레닌은 "우리는 민주공화국이 자본주의 아래서 노동계급이 겪을 수 있는 최상의 국가 형태라는 점에서 그것에 찬성한다"고 말했다. 의회제 민주주의가 절대 군주제보다는 분명히 더 나았다. 왜냐하면 그 정치체제 아래서 노동계급이 자유를 더 많이 누릴 수 있기 때문이다. 19세기 말과 20세기 초에 서구 노동자들은 독자적 조직을 만들고 사회주의적 문헌을 읽을 수 있는 등등의 기회가 러시아 노동자들보다 더 많았다. 러시아 노동자들은 어떤 행동을 하든 구속당하거나 망명해야 하는 상황에 직면했다.

의회제 민주주의 사회에서 이런 자유권 중 하나는 의회 자체에 참여할 권리였다. 레닌은 이 권리를 일축해선 안 된다고 분명히 했다. 볼셰비키는 심지어 민주주의와는 거리가 멀어도 한참 먼 제정 러시아의 의회인 두마에도 대표들이 있었다. 두마는 1905년 이후 얼마 동안 존속했는데, 별로 권한도 없었고 유권자도 제한돼 있었다. 레닌은 자신의 유명한 저서 《'좌파' 공산주의: 유치증》에서 선전을 위해 의회에 공산당 소속 의원이 있는 것의 의의를 이해하지 못하는 초좌파 공산주의자들을 비판했다. "동지들은 새 사회의 창조를 원한다. 그러나 동지들은 반동적 의회에서 확신에 차 있고 헌신적이며 용맹스런 공산주의자들로 이뤄진 훌륭한 의원단을 구성하는 데 뒤따르는 어려움을 두려워한다." 그 책의 다른 곳에서 레닌은 의회 참여의 이점을 자세히 다룬다. "부르주아 민주주의 의회에 참여하는 것은 (혁명적 프롤레타리아에게 해를 입히기는커녕) 소비에트 공화국이 승리하기 몇 주 전에도 그리고 승리한 **후에도**, 혁명적 프롤레타리아가 후진 대중에게 그런 의회가 없어져야 하는 이유를 **입증**하는 데 도움이 됐다."

그러나 설사 의회에서 다수당이 될지라도 의회 참여는 자본주의적 국가기구를 분쇄하는 것을 **결코** 대체하지 못한다는 점 또한 레닌은 명확히 했다. 《국가와 혁명》에서 레닌은 다음과 같이 말했다. "우리는 가장 민주적인 부르주아 공화국에서도 임금 노예가 대중의 상태임을 망각할 권리가 없다." 노동자들은 단조롭고 힘든 일에 지칠 대로 지치고 최저생계비를 벌기 위해 잔업을 하느라 여가도 누리지 못하다 보면 정치 문제에 신경 쓰지 못할 때가 흔하다. 공개 집회 장소 물색이나 각종 비용 마련 등 수없이 많은 제약들도 가난한 사람들을 정치에서 멀어지게 만든다. 레닌은 그 결과 자본주의적 민주주의는 소수만의 자유, 유산계급만의 자유, 부자만의 자유를 뜻하게 된다고 말한다. 가난한 사람들은 "억압 계급의 어느 대표자가 의회에서 자신을 대표하고 억압할 것인지를 몇 년마다 한 번씩 결정하는 것을 허용빝는다." 레닌은 이깃이 자본주의적 민주주의의 **본질**이라고 주장한다.

자본주의 사회의 진정한 권력은 의회 바깥에, 산업을 지배하는 자들의 손안에, 그리고 "자본주의 체제와 지배계급 질서의 유지를 사명으로 삼는 특별 무장 집단"인 경찰과 군부에 있다. 의회에서 노동자가 다수파가 돼도 이런 종류의 권력에 손을 댈 수 없다. 그것에 손댈 수 있는 방법은 그것을 분쇄하는 것밖에 없다. 레닌은 다음과 같이 말한다. "프롤레타리아 국가는 폭력혁명 없이는 부르주아(자본주의적) 국가를 대체할 수 없다. … 이것, 바로 이런 폭력혁명관을 대중에게 체계적으로 고취할 필요성이 마르크스와 엥겔스의 이론 **전체**의 근본을 이룬다."

지배계급이 자본주의 체제를 수호하기 위해 사용할 수 있는 모든 수단과 폭력을 사용할 것이므로 혁명은 폭력에 의할 수밖에 없다. 지배계급이 의회에서 패배했다고 경제 권력도 포기할 것이라고 생각한다면, 군대를 투입해서라도 노동자들을 궤멸하려 하지는 않을 것이라고 생각한다면 그것은 크나큰 오산이다. 그리고 위험한 착각이다. 레닌은 "엉터리 사회주의자들은 계급투쟁을 계급 화합의 꿈으로 대체한다"고 비판했다. 그들은 "사회주의적 변혁을 꿈같은 모습으로 상상하기조차 한다. 즉, 착취계급의 지배를 전복하는 것이 아니라 소수(지배계급)가 다수(노동계급)에게 평화적으로 복종하는 것으로 말이다. … 이 프티부르주아적 공상은 국가가 계급들 위에 있다는 생각과 분리할 수 없는 것으로, 실천에서 노동계급의 이익을 배반하는 결과를 빚었다."

따라서 노동계급은 권력 장악을 결코 의회 다수당 되기에 기댈 수 없다. 권력 장악을 위한 길은 혁명밖에 없다. 의회 밖에서 대중의 정치적 행동을 고무하고 자본주의 국가기구를 파괴하는 봉기를 실행함으로써 말이다.

프롤레타리아 독재

일단 노동자들이 자본주의 국가를 분쇄하고 나면 그 자리에 무엇을 대신 갖다 놓아야 할까? 레닌은 노동계급이 국가 권력을 잡았다 해서 문제가 끝나지 않는다고 역설했다. 오히려 혁명 이후 시기는 매우 어려운 때이기가 쉽다. 자본가계급이

1871년 파리 코뮌에 참여한 사람들이 도로에 바리케이드를 설치한 모습.

자신의 경제·정치 체제를 복원하려 갖은 애를 다 쓰는 데 맞
서 노동자들이 자신의 권력을 지켜야 할 것이기 때문이다. 레
닌은 다음과 같이 썼다. "어쩔 수 없이 이 시기는 전례 없이 격
렬하고 폭력적인 계급투쟁의 시기다. 따라서 이 시기에 어쩔
수 없이 국가는 새로운 방식으로 민주적(노동계급과 일반 무산
자들에게는)이고 새로운 방식으로 독재적(자본가계급에 맞서서
는) 인 국가가 돼야 한다."

노동자 국가는 광범한 민중에게는 훨씬 더 민주적이지만 옛
질서를 복원하려 하거나 지속시키려는 사람들에게는 독재적이
다. 레닌은 파리 노동자들이 잠깐 권력을 잡았던 1871년 파리

코뮌의 경험에서 노동자 국가의 조직에 대한 기본적 세부 사항을 이끌어 냈다. 당시에 상비군은 시민군으로 즉시 대체됐다. 코뮌 자체는 지방자치단체 평의원으로 이뤄졌는데, 이들은 보통선거로 선출됐고 언제든 소환될 수 있었다. 코뮌은 대의 기구일 뿐 아니라 집행 기구였다. 즉, 법안을 통과시키는 것만이 아니라 그것을 집행하기도 했다. 경찰은 정치권력을 박탈당하고, 코뮌에 책임을 지고 또 코뮌에 의해 소환될 수 있는 세력으로 대체됐다. 코뮌의 모든 직책은 노동자 임금으로 수행됐다. 판사는 선출됐고, 책임졌고, 소환될 수 있었다. 여기에 러시아 혁명 중에 추가된 극히 중대한 방책은 노동자·농민 소비에트를 통해 공장과 농토를 지배하는 것이다.

그래서 레닌은 다음과 같이 썼다. "프롤레타리아 독재는 프롤레타리아의 **정치적 지배**, 즉 민중이 직접 무장력으로 뒷받침하는 온전한 권력을 인정하는 것이다. 부르주아지의 타도는 프롤레타리아가 지배계급이 되는 것, 그리하여 피할 수 없는 부르주아지의 필사적 저항을 궤멸할 수 있고 **모든 노동·피착취** 민중을 새 경제체제로 편제할 수 있어야만 성취될 수 있다."

공산주의

자본주의의 잔재를 깨끗이 청산하는 투쟁에서 마침내 이기면 노동자 혁명은 최종 단계인 진정한 공산주의 창출로 나아갈 수 있다. 레닌은 다음과 같이 말한다. "사람들 사이의, 사회 구성원 간의 약속을 위반하는 악행의 근본적인 사회적 원인은 민중에 대한 착취, 민중의 결핍과 가난이다. 이 주요 원인이 제거되면 악행은 필연적으로 '시들기' 시작할 것이다. 얼마나 빨리, 또 어떤 연속성을 갖고 그럴지는 모르나 어쨌든 악행은 시들 것이다." 사람이 사람을 착취하는 경제체제가 종식되면 흔히 '인간 본성'의 일부로 여기는 탐욕, 금전욕, 시기심 따위가 실제로 시리지기 시작할 것이다. "자본주의적 예속에서 해방되면, 자본주의적 착취의 밝혀지지 않은 참사, 만행, 부조리, 파렴치 행위에서 해방되면 사람들은 사회 구성원 간의 약속을 지키는 데 점차 익숙해질 것이다. … 강제 없이, 무력 없이, 예속 없이, 국가라고 불리는 **특별한 강제력 기구 없이** 그렇게 될 것이다."

국가의 시들기는 두 단계에 걸쳐 일어날 것이다. 1단계는 생산수단이 사회 전체에 속하게 돼, 사회 구성원 각각이 사회의 과제들을 수행하면서 사회의 부 가운데 똑같은 분량을 받을 것이다. 사회의 눈으로 봤을 때 모든 사람은 평등할 것이고, 모두가 똑같은 보답을 받을 것이다. 그러나 이것은 아직 공산주의가 아니다. 왜냐하면 사람들 사이의 차이를 고려하지 않기 때문이다. 공산주의가 모든 사람을 똑같이 만들어 버릴 것이라는 세간의 통념은 전적으로 오해라고 레닌은 썼다. 공산주의는 "생명 없고, 경직되고, 고정된" 체제가 아니라 사람들이 서로 다르고 그들에게 필요한 바도 서로 다르다는 사실에 바탕을 둔다. 사회의 **모든** 성원을 위해 부가 생산된다는 원리에 근거한 공산주의는 '각자 능력에 따라' 일하고 '각자 필요에 따라' 분배받는 사회다.

공산주의 사회에서는 국가가 사라진다. 모든 사람이 사회적 생산을 관리하는 법, 지역사회를 운영하는 법, 이 일들을 하기 위해 국가에 의존하지 않는 법을 배웠기 때문이다. 레닌은《국가와 혁명》에서 다음과 같이 썼다.

왜냐하면 모든 사람이 독립적으로 관리하는 것을 배우고 또 실제로 사회적 생산을 관리하게 되며 독립적으로 계산을 하고 건달, 귀공자, 사기꾼 그리고 이와 비슷한 "자본주의적 악습의 보유자들"에 대한 통제를 독립적으로 실시하게 될 그때에는 전 인민에 의해 실시되는 이와 같은 계산과 통제를 피한다는 것은 상상할 수도 없을 정도로 어렵고 극히 드문 예외가 될 것이 틀림없으며 또 신속하고도 엄중한 처벌이 반드시 뒤따르게 될 것이므로(왜냐하면 무장한 노동자들은 실천적 인간들이지 결코 감상적 인텔리들이 아니며 따라서 자신들에 대한 무시를 결코 용인하지 않을 것이기 때문이다), 인간의 온갖 공동생활의 간단하고 기본적인 규칙들을 준수할 **필요성**은 매우 급속하게 습관이 될 것이

1918년 독일에서 혁명이 일어나 제정이 붕괴했다. 베를린에서 벌어진 시위 모습 (1918년 11월).

기 때문이다.

그때가 되면 공산주의 사회의 첫 단계에서 높은 단계로 이행하면 서 동시에 국가의 완전한 사멸로 향하는 문이 활짝 열리게 될 것 이다.

레닌과 국제주의

레닌은 공산주의 사회가 단지 한 나라에서만 확립될 수는 없다고 확신했다. 그는 러시아 혁명의 성공이 나머지 세계의 상황에 달려 있다고 전망했다. 특히 유럽이 중요했다. 그곳에서 자본주의가 가장 발달했고, 유럽 노동계급이 세계에서 가장 강력했기 때문이다.

레닌은 1918년 초에 다음과 같이 썼다. "유럽에서 사회주의 혁명이 일어날 것이 틀림없다. 사회주의의 **최종** 승리에 대한 우리의 희망은 전부 이 과학적 예측에 근거를 둔 것이다." 레닌과 트로츠키가 의지한 것은 모종의 연쇄반응으로, 소비에트 러시아라는 본보기와 제1차세계대전의 학살과 궁핍이 이런 상황을 만들어 내리라는 것이었다. 다른 나라의 노동계급이 러시아를 돕지 않는다면 러시아가 혼자 버티기는 결국 불가능할 것이다. 러시아 노동계급은 전체 인구 중에서 소수이고, 비록 농민이 혁명을 지지하긴 했지만 그 목적은 농토를 나눠 갖기 위한 것이지 사회주의 이상을 실현하기 위한 게 아니었다. 그러나 다른 나라 노동자들이 돕는다면 러시아 노동자들은 더는 고립되지 않을 것이다. 물자가 공동출자될 것이고, 노동자 국가를 궤멸하기 위한 자본주의적 개입의 위험도 없을 것이다. 각국 자본가들은 자국에서 이미 타도당했을 것이기 때문이다. 그렇다면 러시아·독일·미국·영국·프랑스·이탈리아 등지의 노동자들은 새로운 경제·정치 체제 건설로 함께 나아갈 수 있을 것이다.

영국의 폭탄 공장(1916년).

제국주의론

레닌은 세계 혁명의 성공이 선진 자본주의 나라 노동계급의 행동에 달렸음을 강조한 셈이다. 그러나 그는 선진국과 후진국 간의 연관을 보아 넘기지는 않았다. 당시의 많은 사회주의자들이 유럽에만 주의를 기울인 데 반해 레닌은 유럽 바깥으로도 눈을 돌려, 선진국의 후진국 착취를 분석하려 했다. 그가 1916년에 쓴 책 《제국주의: 자본주의의 최근 단계》는 이 문제를 다룬다.

이 책의 주장을 요약하면 다음과 같다. 제국주의는 자본주의의 새롭고 좀 더 선진적인 발전 단계다. 대부분의 자본주의 생산은 더는 진입이 자유로운 시장에서 서로 경쟁하는 자본가들이 소유·경영하는 수많은 소기업들에 의해 이뤄지지 않는다. 오히려 거의 모든 산업에서 약체 기업은 파산하고 소기업은 가장 효율적이고 가차없는 자본가들에게 잡아먹힌다. 그래서 경쟁의 결과 새로운 거대 주식회사가 만들어진다. 이 주식회사는 금융자본의 기관인 은행과 유착해 전례 없이 집중된 경제력을 구축한다. 이것이 독점자본주의다. 그러나 독점자본주의가 확립됐다 해서 경쟁이 끝난 것은 결코 아니다. 독점자본주의는 훨씬 더 큰 규모로 경쟁을 재연한다. 이들 거대 독점체들의 이윤 증대 욕구와 시장점유율 증대 욕구는 자국 안의 경제적 기회에 만족할 수 없기 때문이다. 각국의 독점체들은 자국 무장력의 뒷받침을 받아 세계시장과 원자재를 가능한 많이 장악하기 위한 필사적 투쟁에 돌입한다. 이 독점자본주의에서 식민지와 저개발국이 매우 중요한 구실을 한다. 거대 독점체들에게 식민지·저개발국은 원자재 공급원으로서, 투자 기회 제공처로서, 세력권으로서 필요하다. 제국주의 나라(주로 영국·프랑스·독일인데 미국 제국주의가 떠오른 것은 나중이기 때문이다)의 자본가계급은 잉여 자본의 상당 부분을 이 저발전국들로 수출한다. 물론 이 나라들을 돕기 위해서가 아니라 광산과 제련소 같은 신규 기업을 설립하기 위해서다. 이들

기업은 풍부한 원자재와 저렴한 노동력 덕분에 최대의 자본 수익성을 누린다. 그래서 직접·간접으로 세계는 막강한 자본주의 열강끼리 분할하게 된다. '직접'이라 함은 영국처럼 제국을 건설함으로써 경제적·정치적 지배력을 장악하는 것을 말한다. '간접'이라 함은 러시아 산업에 대한 프랑스 투자의 중요성으로 인해 러시아가 프랑스의 세력권에 포함되는 것 같은 상황을 가리킨다.

레닌은 이 경제체제의 효과를 주의 깊게 분석했다. 첫째, 제국주의는 선진국 노동계급의 혁명 역량에 제동을 거는 브레이크 노릇을 할 수 있다. 제국주의자들이 아시아·아프리카·라틴 아메리카 등지에서 얻은 엄청나게 막대한 이윤을 일부 사용해, 자국의 노동계급 지도자들과 좀 더 부유한 부문의 노동자들을 매수하기 때문이라는 것이다. 레닌은 다음과 같이 말한다.

분명히 그런 막대한 초과이윤을* 가지고 노동계 지도자들과 노동귀족 상층을 매수하는 것이 가능하다. 이것이 바로 '선진'국 자본가들이 하고 있는 일이다. 자본가들은 직접 또는 간접으로, 노골적으로 또는 은밀히, 일천 가지 상이한 방식으로 일부 노동자

---

* 제국주의 자본가들이 자국의 노동자에게서 쥐어짜는 이윤 이상으로 얻는다는 뜻에서 '초과'라는 접두어가 붙었다.

독일 빌헬름스하펜에서 수병들이 전쟁에 반대하는 시위를 벌이고 있다(1917년 8월).

들을 매수하고 있다. …

이 부르주아화한 노동자층인 노동귀족은 … 노동운동에 침투한 부르주아지의 진정한 대리인이고 자본가계급의 노동 보좌관이고 개혁주의와 국수주의를 부추기는 자들이다.

그렇다면 이것은 혁명적 사회주의에 불리하게 작용하는 제국주의 한 효과로, 사회주의자들이 끊임없이 들춰내야 하고 경계해야 하는 것이다(식민지를 초과 착취해 얻은 초과이윤의 일부가 제국주의 나라 노동자들을 매수하는 데 사용된다는 레닌의 주장은 뒤에서 비판하겠다). 그러나 제국주의의 다른 효과들은 의도치 않게 혁명에 유리하게 작용한다. 열강들은 재빠르게 자신들끼리 세계를 분할했다. 그러나 독일 같은 일부 열강은 경제력은 막강했으나 노획한 것은 거의 없었다. 경제 발전과 실제 영토 획득의 이 불균등성은 매우 중요하다. 왜냐 하면 그것이 제국주의 국가들 간의 엄청난 긴장을 낳았고, 주로 그 긴장 때문에 제1차세계대전이 일어났기 때문이다. 그러나 레닌은 말한다. 이 제국주의적 전쟁은 "적대계급들 간의 내전으로 바뀔 것임이 틀림없다." 수십만 명의 노동자·농민이 몇 제곱킬로미터의 영토를 얻고자 헛되이 죽어 감에 따라, 살아남은 사람들은 지배계급이 자신들을 이토록 무의미한 죽음으로 내몰 권리가 있는지 점점 더 의문을 던지게 됐다. 그 결과 노동자 대중은 1914년의 민족주의를 버리고 1918~1920년의 사회주의로 나아갔다.

제국주의의 또 다른 효과는 착취당하는 나라가 제국주의의 굴레를 깨뜨리기 위한 반란에 성공할 수 있는 기회를 줬다는 것이다. 그 나라 혼자서는 사회주의를 성취할 수 없으나 선진국 노동자들에게 영감을 주는 구실을 할 수는 있었다. 그 나라는 러시아였다. 러시아는 외국 자본가들에게 착취당하는 경제적 후진국인 동시에 열강 가운데 하나였다. 바로 이런 독특한 결합 때문에 러시아는 제국주의 사슬의 '가장 약한 고리'가 됐다. 일단 그 사슬이 끊어지자 그다음 문제는 유럽 노동계급이 러시아의 본보기를 따를 수 있는지였다.

유럽 혁명과 제3인터내셔널(코민테른)에 대해 얘기하기 전에 레닌 제국주의론의 장단점을 간단히 평가해야겠다. 레닌이 '금융자본'의 구실을 과대평가하고 해외투자 증대와 식민지 확장의 관계를 지나치게 단순하게 봤다는 점은 알렉스 캘리니코스와 크리스 하먼 등이 날카롭게 지적한 바 있다(이들의 글은 각각 《인터내셔널 소셜리즘》 50호와 99호에 실렸다).* 가령 《제국주의》 집필 당시에 미국과 러시아와 일본은 자본 수출국이 아니라 자본 수입국이었다. 제국주의적 '본국'의 자본을 수입하는 식민지에서 '초과 착취'가 일어났다는 것도 사실이 아니다. 착취율은 식민지보다 제국주의적 선진 자본주의 나라에서 더 높았다. 이 나라의 노동생산성이 더 높았기 때문이다. 식민지에서 얻은 이윤의 일부를 제국주의 나라 자본가들이 일부 노동자들('노동귀족')과 공유한다는 주장도 사실이 아니다. 레닌은 자본가들이 "일천 가지 상이한 방식으로 매수"한 결과 그렇게 된다고 말하고 있지만, 그런 방식이 정확히 무엇인지는 말하지 않고 있다. 레닌의 이런 주장을 클리프는 다음과 같이 비판한다. "노동자들에게 '올해 이윤이 많이 남았으니 임금을 인상해

---

* 국역: "마르크스주의와 오늘날의 제국주의", 《역사의 복수》, 백의, 1993. 《크리스 하먼의 새로운 제국주의론》, 책갈피, 2009.

줄게' 하고 말하는 자본가는 없다." 즉, 숙련 노동자들이 상대적 고임금을 받는다면 그것은 그들이 전투적으로 싸워 잘 조직돼 있고, 또 그런 조직력을 이용해 잘 싸우기 때문이다.

레닌 제국주의론의 가장 큰 문제는 바로 이 '노동귀족'론이다. '노동귀족'은 일부 중요한 노동자 집단이 계속 자본주의 체제를 지지하는 이유를 설명하기 위해 오랫동안 사용돼 온 용어다. 마르크스와 엥겔스가 이 표현을 사용했고, 레닌이 이를 이론으로 발전시킨 이후 좌파의 특수 용어처럼 돼 버렸다. 그러나 앞서 지적했듯이 제국주의 나라의 일부(레닌의 표현을 빌면 "극소수") 노동계급이 어떻게 매수되는지에 대해 아무런 설명이 없거니와, 설사 그런 '뇌물'이 제공된다 해도 노동계급의 단지 일부만 혜택을 본다는 것은 전혀 참말이 아니다. 클리프가 "개혁주의의 경제적 뿌리"라는 1957년 논문에서[*] 입증했듯이, 자본주의의 번영은 상대적 고임금을 받는 숙련 노동자뿐 아니라 그러지 못하는 나머지 노동자 대중에게도 유리하게 작용한다. 노동계급 일반의 생활수준(교육 수준을 포함해)이 향상되면 숙련 노동자와 미숙련 노동자의 생활수준 격차도 좁혀지고, 미숙련 노동자가 반숙련이나 숙련 노동자가 되기도 쉬워진다.

요컨대 노동계급의 일부가 매수된다는 레닌(과 후대 마르크

---

[*] 국역: "개혁주의의 경제적 뿌리", 《마르크스 21》 15호(2016년 여름).

스주의자들)의 주장은 현실과 부합하지 않는 단순한 도덕론적 딱지 붙이기일 뿐이다. 1914년 8월, 사회주의 운동 거의 전체가 제1차세계대전이라는 제국주의 전쟁에 직면해 국제주의 원칙을 헌신짝처럼 내동댕이쳐 버리고 '자국' 지배계급의 전쟁 노력을 지지한 사태가 레닌과 그의 동료들에게 안겨 준 충격과 환멸을 고려하면 약간의 도덕론이 끼어든 정황은 이해할 만하다. 또 《제국주의》는 결정적인 과학적 연구로 의도된 것이 아니라, 책의 부제대로 "대중적 개설"을 위한 소책자였다.

그리고 '자본수출'이나 '노동귀족' 등에 대한 논의에서 몇몇 약점이 있지만 레닌의 소책자는 장점이 더 많은 저작이다. 무엇보다 제국주의의 경제적 본질이 독점자본주의임을 분명히 함으로써 레닌은 제국주의를 "자본주의 체제가 더 고차원의 사회경제 질서로 전환하기 전에 겪는 과도기"라는 역사적 맥락 속에 자리매김했다. 그럼으로써 레닌은 (카우츠키와 달리) 제1차세계대전을 일종의 불합리한 일탈로 보지 않고, 자본주의 발전의 동역학 자체, 특히 자본의 집적과 집중 경향에서 필연적으로 비롯하는 것으로 옳게 볼 수 있었다.

그래서 자본의 국제화(오늘날의 용어로 세계화) 시대가 전쟁을 불필요한 것으로 만드는 경향이 있기는커녕 오히려 "전쟁과 혁명의 시대"임을, 또 전쟁 없는 세계를 이룩하려면 자본주의를 제거해야 함을 결론으로 옳게 제시할 수 있었다.

모스크바에서 열린 제3인터내셔널(코민테른) 창립 대회에 참가한 레닌(1919년 3월).

제3인터내셔널

유럽 혁명은 성공에 근접했다. 1918년 이후 계속되던 시기는 전무후무한 계급 긴장의 시기였다. 유럽의 거의 모든 나라에서 반란이 일어났거나 일어나기 직전 상황이었다. 레닌의 낙관은 1918년 1월 전 러시아 소비에트 대회에서 한 다음의 연설에서 잘 드러난다.

우리는 더는 혼자가 아닙니다. 지난 며칠 새 중대한 사건들이 우크라이나와 돈 강 유역뿐 아니라 서유럽에서도 일어났습니다. 우리는 독일 혁명의 상황을 전하는 전보를 받았습니다. 혁명적 들불의 불꽃이 높이 치솟아 이 부패하고 낡은 세계 체제 전체를 삼켜 버릴 듯한 기세입니다. 우리가 일단 소비에트 권력을 확립하면 다른 나라 동지들도 비슷한 시도를 할 것이라는 생각은 공상적 이론, 안락의자에 앉아 꾸는 백일몽이 결코 아니었던 것입니다. 되풀이해서 말하지만 노동 민중이 학살에서 벗어나는 다른 길은 없습니다. 이런 시도는 지금 국제 혁명의 성과로서 강화되고 있습니다. 우리는 이 소비에트 대회를 고양되는 세계 혁명의 징후 속에서 폐막합니다. 모든 나라의 노동 민중이 단일한 세계 국가로 연합해 새로운 사회주의적 체제를 건설하기 위해 공동의 노력을 기울일 때가 그다지 멀지 않았습니다. 그 체제로 나아가는 길은 소비에트를 통하는 길입니다. 소비에트는 다가올 세계 혁명의 형식입니다.

다양한 나라의 노동자 투쟁을 돕고 조정하기 위해 레닌과 볼셰비키는 제3인터내셔널을 창설했다. 제3인터내셔널은 1919년 3월에 창립 대회를 열었다. 제1인터내셔널은 마르크스가 창립했다. 그러나 제1인터내셔널은 광범한 노동자의 지지를 결코 받지 못했고 몇 년 뒤에 와해됐다. 제2인터내셔널은 1889년에 창립됐는데, 서구의 대중적 사회민주당의 지지를 받았다. 그러나 조직이 느슨했고 전략이 분명하지 않았다. 1914년에 제1차세계대전이 일어나자 제2인터내셔널은 파산했다. 제2인터내셔널이 오

코민테른 3차 대회의 한 모임에 참석해 연단 계단에서 무엇인가를 적고 있는 레닌 (1921년).

래전부터 천명해 오던 원칙인 노동자 연대와 모든 제국주의 전쟁에 대한 반대는 민족주의적 열기에 굴복했고, 인터내셔널은 전쟁을 저지하기 위한 일을 하지 않았다. 이 끔찍한 배반을 레닌은 《제2인터내셔널의 붕괴》라는 소책자에서 분석했다.

이와 대조적으로 제3인터내셔널은 엄격한 민주집중제 조직을 강조했다. 인터내셔널 가입 자격 조건 21개 가운데 제17조는 공산주의 인터내셔널 대회와 집행위원회의 모든 결정이 공산주의 인터내셔널 소속의 모든 정당에 구속력을 가진다고 강조했다. 격렬한 내전이라는 상황에서 활동하는 공산주의 인터내셔널은 제2인터내셔널보다 훨씬 더 중앙집중적 구조를 가져야 했다. 물론 개별 당이 활동하고 투쟁해야 하는 상이한 상황을 고려해야 했다. 개별 당은 국제적 상황과 자신의 구체적 상황 사이의 공통점과 차이점을 두루 고려하면서, 즉 보편성과 특수성을 종합해 결정을 내려야 한다. 인터내셔널의 지도적 원리에 따르면, "당면한 세계 상황은 상이한 [민족] 부문의 혁명적 프롤레타리아가 될수록 밀접하게 접촉하고 사회주의 혁명이 이미 승리한 나라들이 완전히 연합할 것을 요구한다."

제3인터내셔널의 실패

제3인터내셔널은 급성장했다. 1921년 6월에 열린 3차 대회에는 48개국에서 509명의 대표들이 참석했다. 그러나 이때쯤은 러시아를 제외한 다른 어느 나라도 사회주의 혁명을 이루거나 지키지 못해 전후의 혁명적 국면이 지나갔음이 분명해졌다.

여기서 이런 실패의 이유를 상세히 분석할 수는 없다. 다만 그 주된 이유로 서구 사회주의자들의 과단성 있는 행동과 계획이 없었다는 점, 서구 자본주의의 경기회복, 많은 노동자들이 여전히 개혁주의 사상과 개혁주의 지도자들을 따랐다는 점 정도만 지적해 두고자 한다.

1921년에 트로츠키는 "전후의 혁명적 소요는 끝났다"고 선언했다. 레닌은 1922년 11월 인터내셔널을 향해서 한 마지막

연설에서 "우리는 어리석은 짓을 많이 했다"고 시인했다. 그래도 그는 비관론에 빠지는 걸 거부했다. 그리고 그동안의 상황 전개를 탐구하고 배우는 것을 최우선 과제로 삼자고 촉구했다. 그는 다음과 같이 연설을 마쳤다. "외국 동지들은 특별한 의미에서 탐구해야 합니다. 즉, 혁명적 활동의 조직·구조·방법·내용을 실제로 이해하기 위해서 말입니다. 그렇게 한다면 세계 혁명의 전망이 어둡지 않을 뿐 아니라 매우 밝을 것이라고 확신합니다." 레닌은 1923년 3월에 쓴 생애 마지막 글 "조금이라도 더 나은 것이 더 낫다"에서 동쪽 나라들의 급변하는 상황에 큰 희망을 걸고 있었다. "지난번 제국주의 전쟁의 결과 인도·중국 등 동쪽의 여러 나라들은 판에 박힌 듯한 예전의 정치 생활에서 벗어나 격동을 겪을 것입니다. 명백히 이 나라들의 발전은 유럽의 일반적 자본주의 경로를 따라 나아가고 있습니다. 유럽의 전반적 동요가 이 나라들에 영향을 미치기 시작했으며, 이제 이 나라들도 세계 자본주의 전체의 위기로 귀착될 발전 과정에 끌려 들어오고 있다는 사실이 누구에게나 명백해졌습니다." 레닌의 예측대로 중국은 곧 거대한 격변을 겪었다. 그러나 그보다 전에 서구 혁명의 실패가 러시아 혁명에 엄청난 타격을 입혔고 러시아를 점점 더 절망적인 상황으로 몰아넣었음은 의문의 여지가 없었다.

페트로그라드 푸틸로프 공장 노동자들의 집회(1920년).

레닌과 노동자 권력

　레닌을 비판하는 사람들은 대개 레닌의 프롤레타리아 독재
가 실은 노동자에 대한 당의 독재를 뜻했다고 주장한다. 그러
나 10월혁명 전인 1917년의 어느 때에 레닌은 소비에트가 국
가 권력을 장악할 필요성을 역설했다. 볼셰비키가 아니라 전
러시아 소비에트 대회가 새로운 국가의 최고 권한을 가져야 한
다는 것이다. 레닌은 다음과 같이 말한다. "소비에트는 국가 권
력을 전면적으로 장악함으로써만 훌륭하게 발전해 잠재력과

능력을 온전히 보여 줄 수 있을 것이다. 그러지 않으면 소비에트는 할 일이 없다. 그러지 않으면 소비에트는 그냥 싹일 뿐이다(그런데 너무 오래 싹으로 남아 있으면 치명적이다). 아니면 노리개가 되든지."

노동자들은 자신의 손안에 권력을 쥐어야 한다. 그리고 자신의 공장과 동네, 소도시, 대도시, 나라를 운영하는 법을 배워야 한다. "민중이 자치를 배우고 과오를 피하는 법을 배울 수 있는 수단으로서 실행해 보는 것 말고 다른 방법이 있는가? 민중의 진짜 자치로 즉시 나아가는 것 말고 다른 방법이 있는가? … 중요한 것은 피억압 노동 민중이 자신의 역량을 확신하도록 고무하는 것이다. 이것은 노동 민중이 빵과 우유 등 식료품, 의복, 주택 등을 가난한 사람들을 위해 적절히, 가장 엄격히 규제되고 조직된 방식으로 분배할 수 있고 또 그래야 함을 실천에서 입증함으로써 가능하다. … 편협하고 낡고 관료적인 기구의 눈에는 불가능한 듯한 많은 것이 수백만 대중에게는 가능할 것이다. 수백만 대중은 자본가, 지주, 관료를 위해서가 아니라 자신을 위해 노동하기 시작할 것이고 처벌이 두려워서 일하는 게 아닐 것이기 때문이다."

10월혁명 직후 레닌이 처음에 쓴 논설 가운데 하나는 "노동자 통제에 관한 규정 초안"이었다. 거기서 그는 노동자들이 자신의 직장을 장악하는 과정의 첫 단계를 개괄적으로 설명했다. "노동자 통제는 기업의 모든 노동자와 모든 사무직 고용인이 행사해야 한다. 그것이 가능할 만큼 기업이 작다면 직접 행사해야 할 것이고, [큰 기업이라면] 총회에서 즉시 선출되는 대표를 통해 [간접적으로] 행사해야 할 것이다. 총회에서는 선거 의사록을 적어야 하고 선출된 대표의 명단을 정부와 지역 노동자·병사·농민 소비에트에 보내야 한다."

그러나 이런 공장관리는 새로운 사회주의적 국가의 이익에 어긋나서는 안 된다. 레닌은 상이한 공장이나 상이한 노동자 부문이 서로 조정되지 않은 행동을 할 위험이 있을 수 있다고 봤다. 그러므로 전체적 국가계획이 있어야 한다. 새 노동자 국가가 노동자의 이익을 진정으로 대표한다면 국가계획과 현장 수준의 노동자 통제 사이에 충돌이 없을 것이다. "프롤레타리아 국가, 즉 프롤레타리아 독재를 잊지 않는다면 노동자 통제는 재화의 생산·분배에 관한 포괄적이고, 전능하고, 가장 양심적인 국가적 회계가 될 수 있다."

레닌의 의도는 매우 분명했다. 다른 나라에서도 혁명이 일어나고, 러시아가 침공받지 않고 내전에 빠지지 않는다면, 말하자면 만사형통이면, 러시아 노동자·농민이 자신의 삶을 최대로 자율적으로 영위하리라는 것이다. 그러나 불행히도 상황은 급속히 악화돼 노동자 국가는 생존을 위한 처절한 투쟁을 해야 했다. 그에 따라 상황에 맞춰 애초의 의도가 제약을 받아

모스크바의 스베르들로프 광장에서 폴란드 전선으로 떠나는 병사들에게 연설하고 있는 레닌(1920년 5월 5일).

야 했다.

그래도 1918년에 레닌은 노동자 권력의 원칙을 고수하고 있었다. 1918년 3월에 쓴 《소비에트 정부의 즉각적 과제》라는 소책자에서 레닌은 다음과 같이 썼다. "우리가 지금 가차없이 굳건한 정부를 단호하게 지지해야 할수록, **제한된 활동 과정과 순전한 행정 기능**이라는 제한된 측면에서 개인의 독재를 단호하게 지지해야 할수록, 아래로부터의 통제의 형태와 방법이 더 다양해져야 한다. 그래야만 소비에트 정부의 원칙을 왜곡할 가능성을 완전히 상쇄할 수 있고, 관료제를 거듭거듭, 정력적으로 근절할 수 있다." 그럼에도 곤란은 엄청났고 레닌은 그것을 시인했다. "새로운 사회계급, 더구나 여태까지 억압받고 빈곤과 무지에 짓눌려 온 계급이 새 위치에 적응하고, 주위를 둘러보고, 일을 조직하고, 자신의 조직가들을 장려하는 데는 몇 주가 아니라 여러 달, 아니 여러 해가 필요하다."

1917년 이후 러시아에서는 모든 일이 안 풀려 이런 과정이 일어나지 못했다. 점차 그러나 불가피하게 당은 절망적 군사·경제 상황에서 능률을 높여야 할 필요성 때문에 수중에 권력을 더욱 집중하지 않으면 안 됐다. 노동계급 자신은 공장을 떠나 반혁명 세력에 맞서 싸워야 했고 상당수가 죽었다. 전쟁이 끝난 뒤에 살아남은 사람들 중 많은 사람들은 당 행정을 맡아야 했다. 하나의 계급으로서 러시아 노동자들은 거의 존재하지 않는 거나 마찬가지였다. 소비에트가 약화되고 조직과 운영 상태가 엉망이 된 데다 내전으로 당이 강화될 필요가 있었으므로 당은 소비에트의 기능을 점점 더 잠식해 들어갔다. 1921년 레닌은 그 특유의 현실주의적 안목으로 어쩔 수 없는 현실을 받아들였다. "집권당으로서 우리는 소비에트의 권한과 당의 권한을 융합할 수밖에 없다." 이와 비슷하게 당 전임자들이 공장 운영을 책임지게 됐다. 그러나 앞에서 썼듯이 레닌의 원래 의도는 전혀 달랐다.

맺음말

말년에 레닌은 내전과 서구 혁명의 패배로 소비에트 국가가 왜곡되고 있는 문제에 대처하느라 여념이 없었다. 경제의 일부 부문에서 자본주의를 복구한 신경제정책의 도입 직후 안젤리카 발라바노바가 레닌과 나눈 대화는 시사적이다. 모스크바의 한 호텔에 있는 빵집이 다시 영업을 시작한 것이 그녀의 눈에 띄었다. 그 빵집은 전에 고급 빵을 팔았는데, 내전 기간 내내 문을 닫았다가 이제 다시금 고급 빵을 진열했다. 그리고 모스크바 중간계급 사람들이 그 빵을 사러 줄 서 있었다. 화가 치민 발라바노바는 레닌을 만나 다음과 같이 말했다. "노동자 공화국에서 지금 눈에 보이는 모습은 노동계급이 사회주의의 미래에 대해 품고 있는 믿음을 잃게 만들 것입니다." 레닌은 슬픈 어조와 동시에 농담조로 "동지께서 대안을 제시하실 수 있다면 …" 하고 말했다. 발라바노바는 아무 대답도 하지 못했다.

말년에 레닌은 필사적으로 수행 과제에 대해 썼다. 농민을 교육하고, 협동농장에 참가하라고 설득해야 한다. 당내 민주주의가 확대돼야 한다. "이전 시기에 우리가 통째로 인수한" 옛 제정 국가기관을 분쇄해야 한다. 소비에트 국가 내 소수민족의 권리를 보호해야 한다. 스탈린의 권력을 박탈해야 한다. 너무 많은 것이 잘못돼 있다. 너무 많은 것이 레닌이 1917년 이전에 가르친 것과 달랐다. 그러나 현실이 희망과 그토록 달랐던 것은 분명한 비전이 없어서도 아니었고, 과단성이 없어서도 아니었고, 희생적 행위를 하지 않으려 해서도 아니었다. 레닌은 무엇이든 할 태세가 돼 있었다. "혁명으로 가는 좁은 길은 장미로 덮인 길이 아니다. 공산주의적 목표에 도달하기 위해, 승리를 이루기 위해 필요하다면 우리는 무릎까지 진흙탕인 길을 걸을 것이다." 그러나 레닌이 처해 있는 역사적 조건이 그에게 전혀 유리하지 않았다. 러시아의 후진성과 서구 혁명의 실패는 사회주의로 가는 좁은 길에 놓인 엄청난 장애물이었다.

그러나 레닌은 결코 포기하지 않았다. 그의 삶은 역사의 진로에서 개인의 의지가 중요한 구실을 할 수 있다는 증거였다. 또한 그의 삶은 공동의 이상 추구에 동참하는 개인들이 획득하는 집단적 힘을 입증한다. 레닌은 어떤 종류의 숙명론에도 반대했다. 즉, 모든 것을 결정하는 역사의 철칙을 믿는 이전의 마르크스주의에 반대했다. 그래서 일찍이 다음과 같이 말했다. "우리에게 혁명가 조직을 달라. 그러면 러시아를 뒤엎을 것이다."

비록 우리 상황이 레닌의 상황과 다르기는 하지만 우리가 직면하고 있는 과제는 여러모로 비슷하거니와 목적은 똑같다. 다가올 투쟁 속에서 우리가 레닌에게서 배울 것은 많다.

3장_
21세기 한국에서 레닌주의의 의미

레닌은 자본주의 사회에서 전쟁, 불평등, 차별과 천대 등이 대폭 증폭된다는 것을 마르크스주의 이론을 통해 잘 알았다. 또, 자본주의를 폐지할 능력이 있는 사회세력이 노동계급이고 노동계급에게는 스스로 해방될 능력이 있음도 받아들였다. 엘리트주의자이기는커녕 노동계급의 자력 해방을 사회주의로 정의하는 마르크스의 입장을 충실히 따른 것이다.

혁명적 정당의 필요성에 대한 레닌의 주장이 집중적으로 개진된 것은 1901년에 쓰고 1902년에 출판한 《무엇을 할 것인가?》라는 책이었다.

이 책처럼 사방에서 비난을 받은 책은 아마 세상에 별로 없을 것이다. 보수주의자, 자유주의자, 사회민주주의자, 아나키

사람들에게 신문을 나눠 주고 있는 볼셰비키 당원.

스트와 자율주의자, 교수, 언론인 할 것 없이 다들 이 책이 스탈린주의 독재의 참상을 예비했다고 주장해 왔다. 이 책에서 레닌이 노동자들의 사회주의적 잠재력을 깔보고 중간계급 지식인 출신의 전문적 혁명가들만으로 이뤄진 극도로 중앙집권적인 음모 조직의 필요성을 주장했기 때문이라는 것이다. 그리고 레닌이 이끈 이런 엘리트주의적 음모가들이 1917년 10월 쿠데타를 일으켜 러시아 혁명을 납치하고 상명하복식 독재 체제를 구축했다는 것이다.

특히, 레닌과 이 전문적 음모가들은 '민주집중제'라는 용어로 자신들의 권위주의적 실천을 정당화했다는 것이다. '민주집중제'라는 개념은 《무엇을 할 것인가?》에서 언급도 되지 않거니와, 레닌에게서 비롯한 것도 아닌데 말이다.

민주집중제라는 용어는 1905년 11월 멘셰비키가 먼저 사용했다. 곧이어 핀란드 도시 탐페레의 볼셰비키 조직이 이 용어를 사용했다. 레닌 자신은 1906~1907년에야 비로소 이 용어를 사용했다. 그들은 모두 자기들이 소속된 러시아사회민주노동당의 각급 지도부를 선거로 뽑는다는 뜻으로 이 용어를 사용했다. 즉, 용어의 두 부분 가운데 '민주주의' 부분이 강조됐던 것이다.

레닌 자신이 이 용어를 다시 사용한 건 1920~1921년이다. 그때는 혹독한 시련이 닥친 내전 기간이었다. 그래서 당의 일사불란함이 절대적으로 강조되던 때였다. 그래서 레닌이 이 말을 썼을 때 그의 강조점은 '집중'(즉, 중앙으로 권한 집중)에 있었다.

그런데 딱 한 번 1915년에 레닌이 민주집중제라는 용어를 사용한 적이 있다. 미국의 어느 사회주의 단체가 독일사회민주당의 민주집중제를 비판한 것에 대해 레닌은 그 당의 집중(중앙으로 권한 집중)은 전혀 문제가 아니고 오히려 강점이라면서, 진정한 문제는 그 당에서 기회주의자들이 우세한 것이라고 말했다. 이 경우 레닌은 중앙집중을 **노동자 대중에 대한 당의 리더십(지도)**을 뜻하는 말로 사용했다.

그런데 이것은 (중앙)집중에 대한 외향적이고 가장 좋은 정의라고 할 수 있다. 흔히들 '(중앙)집중'을 내향적으로 이해해, 중앙 지도부에 대한 회원들의 무조건 복종을 뜻하는 것으로 이해하지만, 그 말의 진정한 의미는 대중에 대한 당의 지도라는 **외향적** 의미로 이해해야 한다.

《무엇을 할 것인가?》 자체에서 레닌은 민주집중제라는 용어를 사용하지는 않은 대신 중앙위원회의 구실에 대해 언급하는 부분이 딱 한 번 있다. 그 부분은 중앙위원회가 전능하다는 생각을 레닌이 거부하는 부분이었다.

레닌에 대한 오해는 그에 대한 곡해에서 비롯한다

아무튼, 《무엇을 할 것인가?》를 쓰던 당시에는 아직 레닌이 사용한 적도 없는 개념까지 들먹이며 레닌을 곡해한 것은 언제 시작됐고, 왜 그랬을까?

1924~1925년이었다. 1923년 10월 독일 혁명이 패배하고 1924년 1월 레닌이 사망한 상황에서 스탈린은 국제 사회주의 포기 선언을 했다. 그 대신에 일국사회주의를 추구하겠다고 선언했다. 자연히 트로츠키가 최대 정적으로 떠올랐다. 트로츠키가 마르크스의 핵심 사상인 국제 사회주의와 국제 혁명의

불굴의 옹호자요, 노동계급의 선진적 부분의 존경을 한 몸에 받고 있었기 때문이다.

스탈린은 지노비예프를 끌어들여, 트로츠키가 볼셰비키와 멘셰비키의 분열 때 멘셰비키에 가담했음을 상기시켰다. 그러면서, 당시에 트로츠키가 《무엇을 할 것인가?》의 사상을 민주적이지 못하다고 비판했던 사실을 상세히 거론했다. 이와 동시에, 스탈린은 《무엇을 할 것인가?》 자체를 권위주의적으로 해석했다. 자신의 당 통제권 강화에 이용할 목적이었다.

오래지 않아 각국의 공산당도 이런 해석을 공유했다. 이제 세계 노동자들이 받은 레닌주의에 대한 인상은 전혀 매력 없는 것이 됐고, 서구 학자들과 언론인들은 이것이 레닌주의에 대한 정확한 해석이라며 레닌주의를 비난했다.

그렇지만 레닌이 이끈 당이 그렇게 불량하고 독단적이고 비민주적인 조직이었다면 그런 조직이 어떻게 있으나마나 한 종파의 처지에서 벗어나 러시아 좌파에서 주도권을 잡고, 전제군주정에 대한 중대한 도전을 이끌 수 있었는지 도무지 이해가 되지 않는다. 볼셰비키는 그런 도전을 이끌었을 뿐 아니라 제1차세계대전 종전 이후 5년 동안 유럽 심장부에서 반자본주의적 도전을 이끈 신뢰받는 대중 정당들이 건설되는 데에도 결정적 영향을 미쳤다.

실제로는, 레닌은 노동계급의 사회주의적 잠재력을 온전

히 믿었다. 《무엇을 할 것인가?》 출판 3년 전인 1899년 레닌은 러시아 노동자들이 지난 몇 년간의 투쟁을 통해 혁명적 잠재력을 지니고 있음을 여실히 보여 줬다고 썼다. 또, 이듬해인 1900년 노동절에 하리코프에서 일어난 총파업과 뒤이은 며칠간의 항의 시위에 대해 쓰면서 레닌은 '경제주의자'들의 주장, 즉 러시아 노동자들이 당장 먹고사는 문제에만 관심 있지, 차르 전제 정권을 전복하는 혁명적 정치투쟁은 언감생심이라는 주장을 "꾸며낸 이야기"라고 비판했다.

그리고 《무엇을 할 것인가?》 자체에서 레닌은 노동자들이 차르 전제 정권에 맞서 정치적 자유를 쟁취할 능력이 있음을 전제로, 사회주의자들이 그 투쟁을 이끌어야 함을 강조했다. 또, 같은 책에서 노동자가 아닌 다른 사회계급에 속한 사람일지라도 가령 러시아 정교회 신도가 아니라는 이유로 부당하게 천대를 받는다면, 노동자들이 싸운다는 것을 전제로 사회주의자가 그 투쟁을 이끌어야 한다고 강조했다. 그래서 레닌은 유대인 등 종교적 소수자에 대한 차르 정권의 차별을 반대했고, 대지주에 맞선 농민의 투쟁을 지지했다.

그는 이런 정의를 위한 투쟁을 민주주의 투쟁이라고 불렀다. 물론 제정 정권에 맞선 반독재 투쟁이 민주주의 투쟁의 매우 중요한 부분인 것은 두말할 것도 없다.

노동계급의 자력 해방과 그 의식의 불균등 발전은
모순되지 않는다

이처럼 레닌은 노동계급의 사회주의적 잠재력을 불신하기는 커녕 완전히 신뢰하며 다른 논의의 전제로 삼았다. 그는 "노동계급의 해방은 노동계급 자신의 행위"라는 카를 마르크스의 근본적 원칙에 충실한 고전적 마르크스주의자였다.

노동계급이 다른 엘리트 집단에 의해서가 아니라 오직 자신의 힘으로만 해방될 수 있는 것이라면 노동계급의 자체적 해방은, 즉 사회주의는 부분적이고 파편적인 투쟁으로부터 등장할 수밖에 없다.

그런데 사용자들과 그들의 국가기관들은 노동자 투쟁을 마냥 방관하거나 묵인하지 않는다. 자기네의 이익을 별로 침해하지 않겠다 싶을 때는 때로 관용하기도 하지만 자기네의 이익을 침해하겠다 싶으면 탄압을 가한다. 물론 탄압 전후로 비난과 비방이 동반한다.

이렇게 사용자와 그들의 국가기관과 언론 매체가 저항하는 노동자들을 탄압하고 비난하면 노동자들은 어떻게 반응하는가? 무엇보다 강경파와 온건파로 나뉜다. 여기에다 아예 저항 자체를 안 한 노동자들도 더한다면 노동자들은 흔히 순응파와 강경 저항파, 온건 저항파로 나뉘게 되는데, 이 분류가 고정불변의 것은 아니다. 순응파였다가 강경 저항파로 바뀌기도 하고, 그 반대 경우도 있다.

이런 경험이 누적되다 보면 노동계급은 단련되고 정치적으로 각성한 소수 부분과 사기가 꺾이고 의기소침한 소수 부분, 그리고 그 중간에서 동요하는 대부분으로 크게 나뉘게 된다.

선진 부분이 바로 잠재적 또는 현재적인 사회주의 리더들이다. 파업의 필요성을 주장하고 책임 있게 파업을 조직까지 하는 사람, 직장 동료들의 성차별적 언행에 이의를 제기하는 사람, 이주 노동자들을 탓하는 직장 동료들에게 그들이 경제에 도움이 되고 고마운 일을 해 주는 사람이라고 옹호하는 사람, 이런 사람들은 누구나 리더로서 행동하고 있는 것이다.

레닌은 노동자들 가운데 이런 선진 부분, 리더들이 별도로 조직돼야 그 리더십에 힘입어 노동자들이 국가와 사용자의 탄압과 회유, 중상·비방 공세에 잘 대처할 수 있다는 걸 조리 있게 설명한 것이다. 잘 조직된 선진 부분이 그러지 못한 상대적 후진 부분을 설득하고 격려해, 노동자 단결과 연대를 유지할 수 있다는 간단한 원리였다. 그러므로 레닌이 한평생 투신해 건설한 정치조직은 사회주의적 노동자들의 정치조직이었다. 그냥 노동자 정치단체가 아니라 노동계급의 자력 해방을 위해 노력하는 노동자의 정치단체였다.

지도부가 결국 노동계급의 자력 해방인 사회주의를 부정하게 될 것이라는 게 《무엇을 할 것인가?》를 비판하는 사람들의 핵심 주장이다. 그러나 이 주장은 계급투쟁에서 등장한 이런 일상적 리더들이 성공을 거두더라도 반드시 새로운 엘리트가 되는 것으로 끝날 것이라는 주장인 셈이다. 이런 주장이 옳다면 사회주의는 이상향일 뿐이다.

그러나 노동계급에게는 자력 해방을 이룰 잠재력이 있고, 자력 해방에는 노동자 전위의 별도 조직화가 불필요하기는커녕 오히려 필요하다. 앞에서 설명했듯이, 노동자들의 의식이 균등하지 않게 발전하기 때문이다. 노동계급이 자력 해방을 이룰 수 있다고 믿는 노동자들과 청년들이 따로 조직돼야 한다. 즉, 사회주의자들만의 정치단체가 있어야 한다.

레닌 당 개념에서 물려받아야 할 것

《무엇을 할 것인가?》에서 개진된 레닌의 당 개념을 오늘날 그대로 적용할 수 없다는 주장이 보편적이다. 물론 그대로 적용할 수는 없다. 《무엇을 할 것인가?》의 당 개념으로부터 21세기 한국에 사는 우리가 이끌어 낼 수 없는 당시 러시아적 특수 요소는 사회주의적 활동을 직업으로 하는 사람들만을 조직한다는 생각이다. 비록 보안경찰, 특히 국정원이 활개치는 세상이라지만 노동계급 운동 속에서 공공연한 조직을 하는 오늘날의 우리는 굳이 그럴 필요가 없다. 우리는 대중 정당을 지향해야 한다.

그러나 레닌의 당 개념이 오늘날 전혀 적용될 수 없다고 봐서는 안 된다. 《무엇을 할 것인가?》의 당 개념에서 일반적인 것과 특수한 것(당시 상황에)을 구별해서 분리해 내야 한다. 오늘날에도 적용 가능한 일반적인 것은 무엇인가?

첫째, 사용자와 자본주의 국가가 중앙집권적이므로 노동자 조직도 중앙집권적이어야 한다는 것이다. 즉, 지도부가 있어야 한다. 단, 지배자들의 중앙집권은 관료적이고 권위주의적인 것인 데 반해 노동자 조직의 중앙집권은 민주적이어야 한다. 다시 말해, 자유롭게 공개적으로 토론과 논쟁을 한 것을 바탕으로 다들 한마음으로 힘을 모아 실천해야 한다.

둘째, 노동계급 의식의 불균등한 발전이다. 정치적으로 가장 앞서 나가는 노동자들이 보수적이거나 온건 진보적인 노동자들과 함께 투쟁하면서도 토론과 논쟁을 통해 그들을 좀 더 일관된 사회주의 정치 쪽으로 안내해야 한다.

셋째, 사회주의자들은 노동자가 아닌 사람들일지라도 부당한 차별을 받는다면 정의를 위해 분연히 그들을 방어하고 나서야 한다는 것이다. 차별과 천대 문제를 둘러싼 갈등과 충돌에 관여하기를 삼간다면 기존 시스템 내에서 활동하는 데 만족하는 경쟁 정치세력에 그 영역을 내주는 셈이다. 또, 차별받고 천대받는 사람들의 해방은 결국 자본주의가 폐지돼야 가능하다는 점을 그들에게 설득할 필요성을 무시하는 것이다.

그래서 사회주의, 즉 노동계급 자력 해방에 확신은 없지만 노동자 투쟁을 지지하고자 하고 막연하나마 자본주의에 반감이 있는 노동자와 청년을 배제해선 안 된다. 이런 청년들은 혈기 왕성하고 급진적이어서, 소속 단체가 왕성한 활동을 할 수 있도록 해 주고, 또 예리한 토론과 논쟁을 주도한다.

넷째, 비록 《무엇을 할 것인가?》에서 충분히 개진되진 않았지만 그 전이나 후의 레닌 당 개념에서 추출해 오늘날에도 적용할 수 있는 일반적 요소가 있다. 그것은 당 건설 방법이 처음부터 끝까지 고정불변한 게 아니라는 점이다. 계급투쟁의 전망이 달라짐에 따라 당의 전술도 얼마든지 달라져야 한다.

가령 레닌은 1901~1902년 러시아 노동자 운동 내의 경제주의 경향과 쟁투를 벌이던 때와 1903~1904년 분열한 멘셰비키와 쟁투를 벌이던 때는 꽉 짜인 직업 혁명가들의 조직을 옹호했다. 반면 1905년 혁명이 일어나자 곧 당의 문호를 개방해 새로 급진화하는 젊은 노동자들을 대거 받아들여야 한다고 힘주어 말했다. 1905년 혁명이 명백히 퇴조하던 1907년 이후에는 당 간부들을 외부의 적대적인 이데올로기적·정치적 공격에서 방어하는 것이 가장 중요했다.

혁명적 사회주의 정치단체는 신축성 있는 전술 구사의 일환으로서, 개혁주의 정치단체와 한동안 같은 정당에 속해 서로 다른 계파로 상호작용을 할 수도 있다. 그래서 1912년까지 볼셰비키는 러시아판 개혁주의 정치단체인 멘셰비키와 같은 정당(러시아사회민주노동당) 안에서 활동했다.

그러나 1912~1914년에는 매우 높은 수위의 노동계급 투쟁이 전개됐다. 1905년 혁명이 패배하자 시간이 갈수록 점점 사기가 저하돼 온 멘셰비키는 이런 상황에 목말라 있기보다는 불안해했다. 반면 볼셰비키는 공세적 전술로 전환했다. 합법 일간신문 〈프라우다〉를 낸 것도 바로 이 시기였다.

이런 커다란 약진은 1914년 제1차세계대전 개전과 러시아의 참전으로 중단됐다. 그래서 또 그에 맞게 방어 기조로 전술을 운용해야 했다.

그렇지만 1917년 2월혁명이 일어나자 다시금 전술을 변경했다. 특히 4월에 임시정부에 대한 비판적 지지를 철회하고 노동자·병사 평의회 단독 지지로 전술을 바꿔, 당은 사실상 새로운 전략을 채택했다고 할 수 있다.

전략과 전술에 관한 레닌의 사상이 가장 잘 드러난 저술은 그의 《'좌파' 공산주의: 유치증》이라는 책이다. 이 책은 사회주의적 전략·전술에 관한 가장 좋은 책이다.

경제 위기의 고통을 떠넘기려는 지배자들의 공세가 집요한

이 시기에 노동자들은 흔히 자신들이 투쟁의 타이밍과 수단을 고를 수 없음을 절감한다. 심지어 패배가 예정돼 있는데도 저항해야만 하는 투쟁도 있다. 이 경우 어떻게 패배하는지가 중요할 것이다. 전쟁의 승패는 후퇴의 기예에 절반쯤 달려 있다고 해도 과언이 아니다. 결정적 전투에서 승리하려면 전략이 중요하다. 전략의 출발점은 혁명적 소수를 조직하는 것이다. 이 분야에서 레닌의 경험과 사상은 필수적이다.

4장_
스탈린주의란 무엇인가?

2017년 2월 "비운의 북한 황태자" 김정남이 이복동생의 치명적 경계심으로 마침내 비명에 갔다. 김일성 동생 김영주가 18년 동안 귀양살이를 한 적이 있고, 김정일의 이복동생 김평일이 40년 가까이 유럽에서 유배돼 있고, 김정은의 고모부 장성택이 2013년 처형됐고, 장성택 처형 이후 장성택의 아내이자 김정일의 여동생이자 김정은의 고모인 김경희는 공식 석상에 한 번도 모습을 드러내지 못하고 있다.

참으로 대단한 집안이다. 그런데 김정은이 이런 잔인한 짓을 한 때가 남한에서 반정부 운동이 한창이던 때라는 사실이 시사적이다.

소련의 독재자 스탈린은 1937~1938년 이른바 모스크바 재판을 통해 옛 동지들을 다 살해하고 공포 통치를 강화했다. 스탈린이 이런 유혈 숙청을 벌이던 때가 프랑스 노동계급의 전국적 공장점거 운동이, 그리고 스페인 노동계급과 빈농의 반파시스트 혁명과 내전이 한창인 때였다는 사실도 시사적이다.

실제로, 소련 몰락 후 기밀 해제된 문서들에 따르면, 스페인 혁명운동이 스탈린의 통제를 벗어나 마르크스주의통일노동자당POUM 쪽으로, 그리하여 이 당과 친한 트로츠키 쪽으로 설득될 위험이 감지됐다. 당시 스탈린이 지배하고 있던 코민테른(국제공산당)은 그럴 바에야 차라리 프랑코 장군의 파시스트들이 정권을 잡는 게 낫다고 판단했다!

이런 사실들은 소련 트로츠키주의자이자 역사가 바딤 Z 로고빈(1937~1998)의 저작(1937: *Stalin's Year of Terror, Michigan*, 1998)에 의해 훨씬 폭넓게 공개됐다(이하의 서술은 이 저작에 크게 의존했다). 기밀 해제 문서들은 스탈린의 권력을 위협한 세력이 스페인 혁명가들 외에도 실재했음을 보여 준다. 특히 러시아 국내에 말이다. 그들은 크게 두 부류의 사람들이었다.

첫째, 중년이 된 볼셰비키 선임 당원들. 이들은 20대와 30대에 1917년 10월혁명을 체험하면서 볼셰비키에 입당한 사람들이다. 그동안 이들은 하는 수 없이 스탈린 통치를 감내하면서도, 급속한 경제성장에 고무돼 점점 스탈린 공포 통치에 대한 불만을 키워 왔다.

둘째, 군부 내의 트로츠키 지지자들. 이들은 1918~1924년 트로츠키가 적군 총사령관이던 때 그 휘하에서 내전을 수행한 야전 지휘관들이다. 게다가 군대 사병들은 여전히 농민 출신 이므로 이들은 농민의 불만을 표현하고 있었다. 당시 스탈린의 보안경찰인 내무인민위원부가 보기에, 트로츠키를 지지하는 지휘관들이 농민 사병들의 지지를 받아 군사 반란을 일으킬지 도 모를 일이었다.

스탈린은 트로츠키를 궐석기소하면서 나치의 보안경찰인 게 슈타포와 협력했다는 터무니없는 혐의를 씌웠다. 이는 트로츠 키의 사상이 법정에서 공개적으로 토론되길 원치 않았기 때 문이다(이는 한국의 공안 검사들이 북한과 아무 관계 없을 뿐 아니라 오히려 북한에 비판적인 혁명적 마르크스주의자들을 보안법으로 기소할 때도 법정에서 정치적 논쟁은 회피하는 것 과 비슷하다).

스탈린의 보안경찰은 피의자들에게 트로츠키의 공범이라는 누명을 씌워 기소했는데, 그 가운데 진짜 트로츠키 지지자들 은 법정에는 세우지 않았다. 트로츠키주의자들은 아무리 고문 해도 투항하지 않았으므로 그들을 법정에 세우면 재판을 이용 해 트로츠키주의 사상을 선전할까 봐 두려워했기 때문이다.

당시에 모스크바 재판이 진실에 근거했다고 주장한 것은 단지 공산당들만이 아니었다. 개혁주의자들, 가령 영국의 친노동당계 신문 〈업저버〉나 웨브 부부도 모스크바 재판을 '진실'된 것이라고 말했다.

스탈린 정권의 불안정에도 불구하고 안타깝게도 이후의 전반적 정세는 혁명가들에게 유리하게 전개되지 않았다. 특히, 프랑스와 스페인의 상황은 혁명운동의 패배로 끝나며 혁명가들의 희망을 물거품으로 만들어 버렸다. 마침내 제2차세계대전이 일어났고, 소련이 참전했다. 빅토르 세르주의 1939년작 소설 제목대로 "세기의 한밤중"이었다. 트로츠키는 스탈린이 보낸 암살자에게 살해당했다(1940년).

로고빈에게 빚지지 않고도 다른 기밀 해제 소련 문서에 따르면, 스탈린은 중국 혁명 승리 직후에도 대규모 유혈 숙청을 계획했다. 1953년 초에 그가 죽는 바람에 미수로 그쳤지만 말이다.

소련과 북한이 마르크스와 레닌의 용어를 사용했다고 해서 실제 현실을 보지 못해서는 안 된다. 엥겔스는 마르크스를 위한 조사弔辭에서 인간 삶의 물질적 실재가 "이데올로기의 과잉 성장에 의해 감춰졌다"고 지적했다. 스탈린이나 김일성, 그 밖의 북한 지배자들은 이데올로기에 먼저 좌우되진 않았다. 그들은 제국주의나 시장 자본주의 국가 지배자들과 꼭 마찬가지로 물질적 고려를 우선해서 행동했다.

스탈린 체제의 등장

스탈린 체제의 등장은 러시아 혁명이 부딪힌 한계에서 비롯했다. 러시아 10월혁명은 국제 혁명의 성공을 기대하며 착수된 러시아 노동계급(소비에트로 조직된)의 행동이었다. 그러나 국제 혁명들은 유럽 혁명가들의 미숙함으로 잇달아 패배했다. 특히, 1923년 10월 독일 혁명의 패배가 러시아 혁명의 운명에 가장 큰 영향을 미쳤다.

세계 자본주의 체제의 엄청난 (군사적·경제적) 압력이 러시아에 가해졌다. 오늘날 세계 자본주의의 압력에 부딪혀 생존을 위해 더욱더 착취적·억압적이 되는 개별 대기업의 행태를 봐도 이 압력의 존재와 효과를 알 수 있다. 마찬가지로, 하나의 자본주의적 단위인 소련도 더욱더 착취적·억압적이 돼야 했다.

1928~1929년이 임계점이었다. 1917년의 성과는 일소됐다. 이제 노동자 권력의 잔재는커녕 노동자 권리도 파괴됐다. 엄청난 속도의 공업화가 추진됐고, 농민은 국영 집단농장에 강제로 수용돼 착취당했다. 서구가 한 세기에 걸쳐 수백만 민중의 삶을 망가뜨리며 이룩한 공업화를 러시아는 겨우 20년에 걸쳐 이룩했으니 민중의 희생의 규모가 어땠겠는가. 그 잔인성은 어땠겠는가.

이는 실로 반혁명이었다! 국가자본주의로 전환되는 역사적 순간이었다.

이제 러시아는 제국주의적 성격을 띠게 됐다. 러시아 민족이 소련 내 소수민족들은 물론 소련 밖 동유럽의 민족들도 지배하면서 한 블록을 이뤘고, 미국이 이끄는 서방 블록과 경쟁하게 됐다.

물론 소련이 표방한 이데올로기는 국가자본주의가 아니라 사회주의나 공산주의였고, '마르크스·레닌주의'였다. 사회주의는 이데올로기였을 뿐, 실제 현실은 전면적(관료적) 국가자본주의였다.

스탈린주의의 이데올로기와 그 체제를 구별해야 한다. 전자는 마르크스주의와 레닌주의이고, 후자는 극도로 억압적인 착취 체제였다. 체제로서 스탈린주의란 1920년대 말부터 1991년 붕괴 때까지 소련 사회를 지배한 체제를 가리키는 말이다. 물론 이 체제는 중국과 북한에 잔존하고 있다.

해방의 이데올로기인 마르크스와 레닌의 사상을 표방하면서도(물론 국가 종교처럼 만들어 버렸다), 실제로는 억압적이고 착취적인 체제를 지킨다는 모순 때문에, 소련 블록 밖에서 해방운동에 헌신하는 사람들(예컨대 자민통계)과 소련 블록 소속 국가관료는 달랐다. 전자는 천대받는 민중의 옹호자를 자임하지만, 후자는 민중을 천대하고 억압하는 압제자다. 이는 냉혹하고 잔인하게도 이복형제를 죽인 김정은과 자민통계 활동가를 구분해야 한다는 뜻이기도 하다.

스탈린주의의 모순

제2차세계대전의 승전국이 된 소련은 미국·영국과 협상해서 동유럽을 얻어 냈다. 그리고 1950년대부터 1970년대까지 30년간 소련은 옛 식민지 세계에서 동맹들을 많이 얻었다. 그 시기는 중국 혁명 승리(1949년)와 쿠바 혁명 승리(1959년), 베트남 전쟁 승리(1975년), 니카라과 혁명 승리, 이란 혁명 승리 등 제3세계 민족해방운동이 성공을 거둔 시기였다.

다른 한편, 스탈린주의의 위기도 이 시기에 시작됐다. 1956년 헝가리 혁명으로 스탈린주의 체제의 신뢰성이 크게 실추됐다. 이로 말미암아 서구의 수많은 공산당원들이 탈당하고 뉴레프트(신좌파)를 표방하기 시작했다. 1968년 체코 '프라하의 봄'과 1980~1981년 폴란드 연대노조가 이끈 준準혁명 상황도 스탈린주의의 신뢰도를 실추시켰다. '1968년' 운동 과정(1975년까지 지속)에서 보여 준 서구 공산당들의 꾀죄죄한 모습도 여기에 한몫했다.

제3세계 민족해방운동의 승승장구와 서구 공산당들의 꾀죄

1956년 헝가리 혁명 당시 파괴된 스탈린 동상.

죄함 덕분에 스탈린주의 이데올로기의 좌파적 버전인 마오쩌둥주의가 많은 지지를 얻었다. 뉴레프트의 일부(특히 미국과 남부 유럽의 뉴레프트)도 마오쩌둥주의를 받아들였다. 그러나 베트남 전쟁 직후 베트남과 캄보디아 간의 전쟁으로, 또 (캄보디아) 폴 포트 체제의 잔학상으로 마오쩌둥주의도 급속히 불신받았다.

결정적으로 1968년 운동이 1970년대 후반에 패배로 끝났다. 스탈린주의의 다양한 버전들도 사기 저하하고 우경화했다. 유러코뮤니즘(서방식 공산당)이 등장했고 스탈린주의 이데올로기는 결정적으로 약화됐다. 그래서 1979년 니카라과 혁명과

이란 혁명은 스탈린주의나 마오쩌둥주의 이데올로기에 이끌리지 않았다.

1980년대부터는, 스탈린주의에 환멸을 느낀 좌파 출신자들이 포스트모더니즘을 받아들이거나 주창하기 시작했다. 1980년대는 서구의 경우 운동 패배와 침체의 시기였다(한국, 남아공, 브라질 등 신흥공업국은 달랐다).

1980년대 전반부는 미소 간 냉전 재격화의 시기였다("신냉전"). 1980년대 중엽 소련 경제 상황이 매우 심각하게 악화하자 소련의 선제적 유화 조처로 1987년 미소 간 긴장 완화가 시작됐다.

그러나 1989년/91년 각각 동유럽과 소련의 스탈린주의 체제가 와해됐다. 국가자본주의에서 시장자본주의로의 긴 전환 과정이 시작됐다.

스탈린주의 이데올로기도 거의 사멸하게 됐다. 세계 공산당들의 **보편적** 우경화가 시작됐다. 남아공, 한국 등에서조차 그랬다. 한국의 스탈린주의는 1980년대까지는 혁명적이었고, 1990년대에는 중간주의적(혁명적 견해와 개혁주의적 견해 사이에서 오락가락하며 동요하는 것)이었고, 2000년 이후로는 점점 개혁주의에 가까워졌다. 그러나 좌파적 개혁주의와 흡사해도 북한에 대한 태도 때문에 진화한 스탈린주의로 취급해야 적절하게 분석할 수 있다.

이런 진화는 단순한 이데올로기 변화가 아님을 알아야 한다. 물질적 토대의 특이성을 알아야 하는 것이다. 스탈린주의의 사회적 기반은 세 계급에 걸쳐 있다. 노동계급과 북한 지배계급과 남한 일부 지배자들이 그것이다. 1934년 이후 인민전선(한 줌의 반동 모리배를 제외하고 계급을 초월한 국민연합)의 전통 때문에 지배계급의 일부(2000년 이후로는 임동원과 정세현, 심지어 정주영)까지 포섭한 것이다.

이런 다계급 기반 지향성이나, 계급을 초월하기는 자연히 민중주의 경향을 띠는 걸로 나타나게 된다. 계급투쟁이 핵심 과제가 아니라 통일과 남북 화해·협력이 최우선 과제가 되고, 민주당 지지·동맹 노선을 추구하고, 스탈린주의 사상은 개혁주의적 논리의 영향을 받게 된다. 이런 사상과 전략은 노동조합 지도자들의 입맛에 맞으므로 그들의 일부에게 받아들여지게 된다.

스탈린주의의 핵심 이데올로기는 (국제 사회주의가 아니라) 일국사회주의다. '우리식 사회주의', '중국 특색 사회주의' 등이 그 사례다. 일국사회주의 이데올로기가 진화한 결과는 좌파적 민족주의다. 민족주의 때문에도 스탈린주의 사상은 개혁주의적 논리의 영향을 받는다.

한편 북한 지배계급에 두고 있는 기반 때문에 북핵, 세습, 북한 인권(억압), 탈북민, 성소수자 등의 문제들에 대한 태도는 아주 나쁘다.

그리고 스탈린주의 사상은 당이 운동을 대표한다는 나쁜 개념을 내포하고 있다. 그래서 일부 자민통계 활동가들은 자신들이 운동 그 자체라는 생각을 노골적으로 드러내, 다른 경향의 활동가들과 감정적으로 이반하곤 한다.

스탈린주의의 유산

이제 스탈린주의의 핵심 유산을 살펴보기로 하자. 스탈린주의의 유산은 사회주의의 의미를 전복해 버렸다. 그에 따르면, 사회주의는 국유화 또는 국영 경제라는 것이다.

그러나 마르크스는 《철학의 빈곤》에서 프루동이 자본주의를 사유재산 제도로, 또 사회주의를 국유화로 정의한다고 비판했다. 엥겔스도 1877년 비스마르크의 주요 산업 국유화를 "사이비 사회주의"라고 규정하면서 다음과 같이 덧붙였다. "그런 식이라면 담배 산업을 국유화한 나폴레옹과 메테르니히를 사회주의의 창시자에 포함시켜야 할 것[이다.]"

마르크스와 엥겔스는 소유(소유관계)가 형식적인 법률적 개념임을 분명히 했다. 가령 서양의 고대 사회, 중세 사회, 근대 사회의 사적 소유는 형식이 모두 같아도 그 내용, 특히 그 생산관계는 노예제, 봉건제, 자본주의로 서로 다르다. 다른 사례는 고대 중동 제국帝國들이다. 주요 생산수단(토지)은 모두 국유화돼 있었지만, 그 사회는 공산주의가 아니라 계급사회였다. 또 다른 사례는 가톨릭교회의 소유관계다. 중세 이래로 사적 소유가 아니라 공적 소유였지만(가령 사제의 상속권이 없다), 그 생산관계는 중세에는 봉건적이었고, 오늘날에는 자본주의적이다(가령 바티칸은 세계 금융시장의 큰손이다).

이렇게 형식과 내용은 반드시 일대일一對一 대응하는 것이 아니다. 그렇다면 사유 자본주의도 있을 수 있고 국유 자본주의도 있을 수 있다는 뜻이다. 마르크스는 사회주의를 국유화나 국영 경제로 정의하지 않고 노동계급의 자력 해방으로 정의했다. "노동계급의 해방은 노동계급 자신의 행위다."

동유럽과 북한, 중국 등지에서 노동계급의 자력 해방은 없었다. 동유럽과 북한은 소련 군대에 의해 사회가 전면 재편됐고, 중국에선 지식인 유격대원들이 농민의 지지로 집권한 후 사회를 전면 재편했다. 특히, 제국주의 국가의 현지 대리인 구실이나 하던 허약한 기존 국가 대신에, 강력한 국가관료가 통제하는 국가자본주의 국가가 들어서서 자본축적을 관장했다. 농촌에서 지주제도가 폐지됐지만, 그 대신에 국가가 집단농장을 세워서 집단으로 농민을 착취했다.

노동계급의 자체 활동 없이도 노동자 국가나 사회주의 사회가 가능하다면, 사회주의 운동에 노동계급은 중요하지 않다는 뜻이 된다. 그리고 노동계급이 중요하지 않다면 마르크스주의도 중요하지 않다는 뜻이 된다. 마르크스주의와 노동계급 투쟁은 역사적으로 또 이론적으로 밀접하게 연관돼 있기 때문이다.

오늘날 노동계급과 사회주의 정치가 마치 하찮은 존재 취급을 받는 건 대부분(전적으로 그런 건 아닐 게다) 스탈린주의의 유산과 그에 대한 좌파의 부적절한 대처 때문이다. 모든 압제에서 해방되기를 원하는 사람들은 남한도 북한도 아닌 진정으로 자유롭고 진정으로 민주적이며 진정으로 평등한 사회를 염원해야 한다. 그 첫걸음은 아래로부터의 노동자 권력을 위해 투쟁하는 것이다.

5장

소련 블록 사회의 성격:
국가자본주의론의 관점

문제 제기

1989/91년 동구권이 붕괴하자 그 사회들이 사회주의를 구현하고 있다고 여겼던 좌파는 커다란 이데올로기적 혼돈에 빠졌다. 만일 이 사회들이 계급 없는 사회라는 마르크스주의의 이상을 구현하고 있었다면, 동구권의 붕괴는 사회주의와 마르크스주의의 파산을 뜻했을 것이다.

그러나, 만일 그 사회들이 단지 명목상으로만 사회주의였을 뿐 실제로는 자본주의의 한 변형에 지나지 않았다면, 동구권의 몰락은 그로 인해 진정한 사회주의 운동을 건설할 수 있는

가능성이 커진다는 점에서 진정한 사회주의를 염원한 사람들에게는 오히려 이익이 될 수 있었다.

지금도 이 문제는 여전히 중요하다. 북한·중국·쿠바 등 잔존하는 스탈린주의 국가들은 소련을 본보기로 건설됐다. 이 국가들이 '사회주의'라는 말 앞에 '우리식'이나 '중국적 특색' 따위의 수식어를 붙여도 이 사실은 달라지지 않는다.

더 근본적으로, 북한 등이 사회주의라는 주장은 사회주의가 노동자의 자력 해방이라는 마르크스의 사상을 거스르는 것이다. 만일 북한 등이 사회주의라면, 사회주의는 국가와 경제에 대한 노동자 통제를 뜻하는 것이라기보다는 단순한 국유화와 중앙 경제계획을 뜻하는 것일 게다. 국가를 누가 통제하는지, 또 계획이 민주적 계획인지 아니면 세계경제의 흐름에 좌우되는 사이비 '계획'인지 하는 본질적 문제는 도외시된 채 말이다.

그래서 소련이 사회주의였는지 아니었는지 하는 문제는 단지 역사학적 문제가 아니다. 그것은 사회주의란 무엇인가, 달리 말해 노동계급의 해방이란 무엇인가 하는 원칙 중의 원칙 문제다.

운동 자체에만 관심을 기울이고 운동의 궁극 목표에 대해서는 생각하기를 회피하는 경향이 비교적 널리 퍼져 있다. 이것은 개혁주의에 유리한 환경을 조성한다. 실제로, 100여 년 전에 에두아르트 베른슈타인은 운동만이 중요할 뿐 운동의 궁극 목표는 아무래도 좋다는 식으로 말했다.

이와 대조적으로, 혁명가들은 노동자들의 당면 이익뿐 아니라 역사적 이익에도 관심을 기울인다. 혁명가들은 수단뿐 아니라 목적에도 관심을 기울인다.

국제주의 시각

소련 블록 스탈린주의 제도의 소멸 이면에 심각한 경제 위기가 있었다는 것은 분명한 사실이다. 그러나 국가자본주의 이론의 방법상의 특징은 그 사건을 세계적 시각에서 봤다는 것이다.[1] 즉, 위기에 빠진 제국주의 세계 체제가 가하는 국제 경쟁 압력 때문에 국가자본주의 제도의 경제문제 해결을 위한 운신의 폭이 좁아졌고, 그래서 그 제도는 험난한 길일지라도 경제의 일국적 편제 대신에 경제의 다국적화를 선택했다.[2]

'민영화'(사기업화)와 시장경제로의 이런 이동은 하나의 자본주의적 착취 방식에서 다른 자본주의적 착취 방식으로 옆걸음질 치기(진보도 퇴보도 아닌)였다.[3] 그러므로 관료는 여전히 경제·정치 권력을 장악하고 있다. 비록 경제·정치 구조에 일정한 변화는 있었지만 말이다.[4]

세계 자본주의 체제라는 관점에서 동구권 문제를 보지 않고 관료제의 결점에서 문제를 보는 대다수 사람들은 왜 동구권 경제가 과거에는 오랫동안 번영을 누리다가 1970년대 후반 이후부터는 성장이 더뎌지고 마침내 1980년대 중반 이후로는 정체 상태에 빠지게 됐는지 설명하지 못한다.

자본의 세계화라는 세계적 맥락 속에서 동구권 위기를 자리매김하는 국가자본주의 이론은(그리고 이 이론만이) 이 문제에 답변할 수 있다. 또 국가자본주의 이론만이 1920년대의 고립된 노동자 국가가 세계 자본주의 속에서 결코 극복할 수 없었던 문제들을 인식할 수 있다.

요컨대, 자본주의의 바다 한가운데 떠 있는 사회주의 군도는 '바다' 자체가 바뀌지 않는다면 오래지 않아 물에 잠길 것이라는 고전적 마르크스주의의 출발점을 견지하는 것은 국가자본주의 이론뿐이다.

마르크스주의 법칙들의 종합

국가자본주의 이론은 소련 블록 경제가 힐퍼딩·부하린·레닌이 파악한 현대 자본주의(제국주의)의 법칙들에 따라 작동했음을 보여 준다. 이 법칙들은 마르크스가 파악한 고전적 자본주의의 법칙들이 변용된 것이다.

현대 독점자본주의에선 가치와 가격 사이에 필연적 조응 관계가 없다는 점에서 가치법칙이 부분적으로 부정된다. 또, 제국주의적 경쟁에서 비롯하는 전쟁 준비에 의해 경제가 규정된다. 그래서 국가자본주의가 가장 유력한 형태가 된다. 국제 질서도 여러 국가자본주의들 사이의 충돌의 보편화라는 형태를 띠게 된다. 이 과정에서 가치법칙은 더욱 수정된다.

세계 체제의 일부로서 소련은 군사적으로 뒤처지지 않기 위해 서방과 무기 경쟁을 할 수밖에 없었디. 그래서 급속한 중공업 건설이 필요했다.[5] 이를 위해 스탈린과 그 휘하의 관료는 1928~1929년 국가자본주의적 반혁명을 일으켰다.

스탈린은 다음과 같이 말했다. "우리는 선진국들에 50년 뒤졌습니다. 10년 안에 이 격차를 메워야 합니다. 이 일을 해내지 못하면 그들[서방]이 우리를 분쇄해 버릴 것입니다."

이런 서방과의 군사적 경쟁이 소련 경제에 가치법칙을 강요했다.[6] 비록 '부분적으로 부정된' 가치법칙이었긴 하지만, 이것은 정도 차이일 뿐, 서방세계에서도 마찬가지였다. 서방의 무기·중공업 제품 생산자들이 노동비용을 줄이려 함에 따라 소련도 따라 해야 했다. 그 역도 성립했다. 그리하여 소련의 구체적 노동은 세계 규모의 추상적 노동과 연관되게 됐다.[7]

앞에서도 강조했듯이, 가치법칙의 이런 수정된 관철은 서방세계에서도 마찬가지로 작용했다.[8] 특히 1·2차세계대전 때는

5개년 계획의 하나로서 마그니토고르스크를 철강 도시로 만드는 공사에 동원된 노동자들. 이 계획이 완료된 후에 여기서 영국이 1년 동안 생산하는 철강의 총량만큼을 생산했다.

더욱 그랬다. 당시의 서방 경제는 현상적으로도 소련과 놀랍도록 흡사했다.[9] 그럼에도 물론 자본주의적이었다. 교전국 상호간의 군사적 경쟁은 노동생산성 상호 비교를 강요했다.[10]

단지 전쟁 때만 국가 개입이 필요한 것이 아니었다. 1930년대 이후 국가는 국민경제에 개입해, 경쟁력이 약해지고 있는 산업에 국가보조금을 대 준다거나 국유화하는 방식으로 가치법칙을 수정했다.[11] 1930년대에 이 방향으로 가장 멀리 나아간 게 소련이었고 그다음으로 일본, 독일, 미국 순이었다. 1950년대 이후로는 중국과 브라질·멕시코 같은 제3세계 나라들이 국가자본주의로 나아갔다.[12]

그러나 소련 경제를 포함한 현대 자본주의가 고전적 자본주의의 법칙들에서 벗어나 작동하는 것은 아니다. 무엇보다 이윤율의 장기적 저하 추세가 소련과 현대 자본주의에서도 작동한다.[13] 또 주기적 과잉생산 위기를 소련도 경험했다.[14]

물론 자원 배분이 시장 메커니즘에 따라서가 아니라 관료의 지령에 따라 이뤄졌으므로 위기는 공업 생산의 감소, 공장폐쇄, 실업 급등과 같은 현상보다는 성장률 감소와 같은 현상을 초래했다.[15] 위기가 나타나는 형식 자체는 마르크스의 고전적 자본주의 모델과 다소 달랐던 것이다.[16]

국가자본주의 이론의 역사적 배경

제2차세계대전이 끝나자 소련은 승전국으로 떠올랐고, 서방과 전리품을 나눠 가졌다. 동유럽을 지배할 수 있게 된 것이다. 이것은 소련 관료가 전쟁을 거친 뒤나 심지어 전쟁 중에라도 몰락할지 모른다던 트로츠키의 예상을 빗나간 사건이었다.[17]

이 예측보다 더 심각한 문제가 있었다. 에르네스트 만델이 지도하는 정설파 트로츠키주의자들은 스탈린주의가 진보적 세력으로 해석되는 것을 피하기 위해 1946년 동유럽 국가들을 일단 "자본주의적 완충국"들로 규정했다.[18] 동유럽 사회들

독일 동베를린에서 벌어진 노동자 투쟁을 소련 군대가 전차를 앞세워 진압했다
(1953년 6월 17일).

이 소련 사회구조를 급속히 닮아 가고 있었는데도 말이다.

1948년 봄 티토와 스탈린이 충돌했다. 트로츠키주의 정설파는 티토 편을 들었다. 그러나 '노동자 국가'에 맞서 '자본주의 완충국'을 지지할 수는 없는 노릇이었으므로 정설파는 티토가 '사회주의 혁명'을 이끌고 있다고 자의적으로 규정했다.[19]

1951년, 정설파는 논리적 일관성을 기하기 위해 유고와 여타 동유럽 국가들을 "일그러진 노동자 국가"라고 규정했다.[20] 그러나 이것은 문제를 해결하기보다는 오히려 증폭시켰다. 만일 동유럽이 일그러졌다 해도 어쨌든 노동자 국가라면 스탈린주의는 노동자 국가들을 세웠으므로 진보적 세력이 된다. 이 것은 정설파의 존재 이유 자체를 부정하는 셈이다.

또 이것은 노동자 국가 건설이 노동자 자신의 행위라는 마르크스의 핵심 원칙과 모순되는 것이기도 하다. 정설파의 공식 견해는 사실상 노동자가 아닌 다른 세력(소련 군대나 티토와 마오쩌둥의 농민 게릴라)이 노동자를 해방해 줄 수 있다는 것을 뜻했다.

그러나 이 국가들이 노동자 국가가 아니라면 경제·정치·사회 구조가 이 국가들과 거의 같은 소련도 노동자 국가일 수 없다. 이런 추론에 바탕을 두고 토니 클리프(이가엘 글룩스타인, 1917~2000)는 1946년부터 소련 사회를 연구해 이듬해인 1947년 《소련 국가자본주의》 초판을* 집필했다(출판 연도는 1948년).

'관료적으로 퇴보한 노동자 국가' 이론

트로츠키와 트로츠키주의 정설파가 소련을 사회주의로 본

---

* 국역: 《소련은 과연 사회주의였는가?: 국가자본주의론의 분석》, 책갈피, 2011.

것은 아니다.[21] 그들은 소련을 자본주의에서 사회주의로의 이행기 사회인 노동자 국가(프롤레타리아 독재)로 봤다.[22] 다만 '관료적으로 퇴보한' 것이 문제라는 것이었다.

또 트로츠키와 정설파가 소련 국가의 개혁 가능성에 기댄 것도 아니다. 그들은 혁명이 필요하다고 봤다. 다만 '사회혁명' 이 아닌 '정치혁명'이 필요하다는 것이었다. 이것은 관료가 '계급'이 아닌 '신분caste'이라는 트로츠키의 규정에서 도출되는 실천적 결론이다.[23]

관료가 노동계급을 착취하는 지배계급이 아닌 노동계급 내의 특권적 상층이라는 주장을 뒷받침하기 위해 트로츠키는 관료의 권력이 생산수단이 아닌 분배수단에 대한 지배에서 비롯하는 것이라고 주장했다.[24]

그러나 관료는 소비수단뿐 아니라 생산수단도 지배한다. 즉, 그들은 지배계급인 것이다. 실제로, 관료는 소비보다 생산을 중요시했다. 소비재 부족 사태가 되풀이되는 것을 감수하면서 까지 그랬다.[25]

생산수단에 대한 사유가 아닌 국유가 노동자 국가의 본질적 특징이라는 주장도 잘못됐다. 소유관계는 생산관계의 법률적 형식을 반영하는 것일 뿐이다. 역사적으로, 유사한 유형의 착취적 생산관계들이 상이한 소유 형태들과 공존할 수 있었다. 예컨대 중세의 농민은 사유지가 아닌 교회 소유 토지에서 일하든, 봉건영주 소유의 토지에서 일하든 똑같이 착취당했다.
또, 아랍 봉건제는 국유재산에 바탕을 뒀는데, 그 지배계급의
성원들은 개인 재산권(사적 소유권)이 없었다. 그럼에도 아랍
의 농민은 유럽의 농민과 마찬가지 방식으로 착취당했다. 법률
적 관계들이 달랐어도 말이다.[26]

소련이 사회주의 또는 노동자 국가라는 주장은 내용보다 형
식을 앞세우는 경향이 있다. 그런 주장을 하는 사람들은 사적
소유가 국유로 대체됐다며 소유관계를 강조하고, 시장의 무정
부성이 계획으로 대체됐다는 점을 강조한다. 그러나 그들은
노동자들이 생산과정에 대한 통제로부터 배제돼 있는 실제 생
산관계를 간과한다. 또 적대적 자본주의 세계 속에서 군사적
으로 생존할 필요에 크게 영향받는 경제 '계획'의 내용도 간과
한다.[27]

소련은 이행기 사회가 아니라 1928년에 자본주의적 복원이
일어난 관료적 국가자본주의 사회였다. 국가관료는 이 사회에
서 스스로 지배계급이 돼 소련 경제를 자본주의적으로 운영했
다. 관료는 스스로 자초한 1926년 영국 총파업 패배, 1927년
중국 혁명 패배, 뒤이은 고립, 침략당할 위험 등에 대응해 무
장을 강화해야 했다. 여기에는 중공업의 급성장이 필요했다.
그래서 생산수단의 축적이 지상명령이 됐다.[28]

반혁명은 노동자 권력의 잔재를 남김없이 파괴해 버렸다. 1인

1926년 영국 총파업 기간에 하이드파크에서 열린 집회.

경영제, 노조 무력화, 단체협약 폐지, 개별 고용을 통한 노동계급 원자화, 스타하노프식 노동강도 높이기, 국내통행허가증제 도입, 여성의 예속, 물품세 도입을 통한 물자 이전(소비에서 무기 생산으로), 농업의 강제 집산화, 강제노동수용소, 소수민족 억압 등등.[29]

국가를 통해 축적 과정을 지배함으로써 관료는 "자본의 인격화의 가장 순수한 형태"가 됐다.[30] 관료의 권력은 트로츠키가 지적한 분배 통제나 물질적 소비상의 특전으로 나타나는 기생주의가 아니라, 생산과정에서 차지하는 지위에서 나온다.

그들은 계급이다.[31]

지배계급인 관료는 노동자·농민과 떨어져 있었고 그들 위에 군림해 왔다. 그들은 도가 지나친(소련의 기준으로는 물론이거니와 심지어 서구의 기준으로 봐도) 부와 특전을 누렸고 일반으로 자신의 계급 지위를 자녀와 손주에게 물려줄 수 있었다.[32]

노동계급

어떤 사람들은 소련에 임금노동이 존재하지 않았고 그래서 자본주의가 아니었다고 주장한다. 그러나 이것은 오해다.

소련 노동자들의 정치적 권리가 제한돼 있었긴 해도 그들은 '자유' 노동자들이었다. 첫째, 그들은 다른 어떤 개인이나 국가에 속박돼 있거나 소유돼 있지 않았다는 점에서 법률상으로 자유로웠다. 둘째, 그들은 생산수단을 소유하거나 통제하거나 그것에 속박돼 있지 않았다는 점에서 생산수단으로부터 자유로웠다. 그러므로 그들은 서구 자본주의 사회의 노동자들과 똑같은 관계를 생산수단과 맺고 있었다.

노동자들이 먹고살기 위해서는 관료가 지배하는 국유 기업에 고용돼야 했다. 서구 자본주의에서처럼 그들은 일할 수 있는 능력, 곧 노동력을 파는 대신에 임금을 받았다. 노동력은

《소련은 과연 사회주의였는가?: 국가자본주의론의 분석》을 쓴 토니 클리프.

소련의 공식 계획 당국이 시인했듯이 "그것의 재생산에 필요한 재화량", 즉 노동력의 가치에 따라 매매됐다.[33] 이런 노동력 매매를 통해 소련 노동자들은 착취당했다. 이 착취는 자본주의에 앞선 사회에서처럼 특정 노동이나 특정 생산물에 대한 직접적 전유를 수반하는 것이 아니었다. 서구 자본주의에서처럼 생산물로 구체화된 노동시간 가운데 노동력 재생산에 필요한 부분(필요노동시간)을 뺀 나머지 부분(잉여노동시간)은 국가와 지배계급이 전유했다. 노동자들은 무보수 잉여노동을 한 것이다.

그러나 토니 클리프는 노동시장의 자유화 정도를 과소평가했다. 그가 《소련 국가자본주의》를 집필하던 1947년 당시 입수할 수 있는 정보의 한계 때문이었다. 이것은 여러 해 뒤에 알렉스 캘리니코스가 바로잡았다.[34] 소련의 임금 수준은 산업에 따라, 직장에 따라, 지역에 따라, 또 노동계급 내의 기능별·교육별·성별·인종별 계층에 따라 달랐다. 각 부문의 노동 수요가 달랐기 때문이다. 물론 임금률은 공식적으로는 중앙 계획 당국이 책정했다. 그러나 소련의 계획 입안자 자신이 시인했듯이, "임금 차이를 자의적으로 조정한다는 것은 몹시 잘못된 생각이다. … 이런 관점이 모델을 세우거나 예측을 할 때 여러 실책을 범하게 한 이유였다."[35] 효과적인 임금 책정은 다양한 경제 부문의 다양한 수요에 제대로 부응하는 것이다. 그러지 못하게 되면 기업 경영자들이 자신에게 필요한 노동을 끌어들이려 국가의 임금 시책을 위반하는 상황이 벌어진다.[36] 그래서 소련의 임금과 임금 차이는 자의적으로 결정되지 않았다. '계획'되기는 했지만 임금은 현실의 수요·공급, 즉 시장 압력을 반영했고 경제 전반에 노동력을 분배하는 구실을 했다. 이것이 바로 자본주의 경제에서 임금의 고전적 기능이다 (물론 임금 차이는 서구 자본주의에서처럼 분열 지배에도 이바지했다).

더구나 소련에서 개별 기업의 임금 책정은 실제로는 매우 자율적이었다. 경영자들은 서로 상여금이나 성과급, 노동 기준량(노르마) 조작 등을 이용해, 자신에게 필요한 노동자들을 끌어들이는 경쟁을 벌였다. 이런 일은 노사 간 비밀 거래 방식으로 이뤄졌다. 또 단체교섭권 등 노동기본권이 크게 제한돼 있는 상황에서 노동자들은 더 높은 임금을 찾아 직장을 바꾸는 것으로 '교섭력'을 높였다. 젊은 노동자의 20퍼센트가 취업 첫해에 직장을 바꿀 만큼 이직률이 높았다.[37]

자본주의의 본질적 특징인 실업이 소련에는 없었으므로 소련은 자본주의일 수 없다는 주장에 대해서는 고르바초프의 최고 경제 자문이었던 아벨 아간베갼이 지적한 사실을 드는 것으로 충분할지 모른다. 그는 소련 학술원(과학아카데미) 산하 노보시비르스크 경제·산업 조직 연구소 소장 시절인 1965년에 소련 주요 도시의 실업률이 8퍼센트이고 소도시의 실업률은 20~30퍼센트라고 썼다.[38] 그러나 국가가 임금 수준 책정을 통해, 축적이 급속히 이뤄지는 시기에 임금이 노동력의 가치를 훨씬 웃도는 수준으로 인상되지 못하게 막았기 때문에 기업은 축적률이 저조한 시기에도 장차 일손이 모자라게 되는 때를 대비해 대량 해고보다는 불안정 고용을 선호했다는 점을 덧붙여야 한다. 이것은 경제에 간접 비용을 부과하는 셈이었지만, 이 점은 서구 자본주의의 사회복지 혜택도 마찬가지다.

맺음말

《사회주의: 공상에서 과학으로》에서 엥겔스는 다음과 같이
예측했다.

자본주의 사회의 공식 대표자인 국가는 결국 생산에 대한 지도
를 맡아야만 하게 될 것이다. … 그러나 주식회사와 트러스트 또
는 국가 소유로 변형된다 해서 생산력의 자본주의적 본질이 세서
되지 않는다. … 형태가 어떻든 간에 현대 국가는 본질적으로 자
본주의적 기구이고 자본가들의 국가이며 총 국민자본의 관념적
인격화다. 현대 국가가 생산력 장악으로 나아가면 나아갈수록
그것은 더 많은 시민을 착취한다. 노동자는 임금노동자, 곧 프롤
레타리아로 남는다. 자본주의적 관계는 제거되지 않는다. 오히려
그것은 정점에 이르게 된다. 그러나 정점에 이르면 그것은 넘어진
다. 생산력의 국유는 충돌의 해결책이 아니지만 그 안에 해결책
의 요소들을 이루는 기술적 조건들이 숨겨져 있다. 이 해결책은
… 사회가 공공연히 그리고 직접적으로 생산력을 장악함으로써
만 생겨날 수 있다. … 프롤레타리아가 공권력을 장악하고 이를
통해 그들은 사회화된 생산수단을 … 공공재산으로 바꾼다.

엥겔스의 예측대로 그 뒤 세계 자본주의는 정도 차이는 있

었지만 국가자본주의로 전환했다. 그러나 국가자본주의가 사회주의 혁명으로 대체된다는 그의 예측은 아직 성취되지 않았다. 오히려 국가자본주의는 시장 자본주의로의 험난한(그리고 불완전한) 전환에 착수했다. 자본주의적 관계가 "넘어지는" 것은 예정돼 있는 일이 아니다. 그것은 오직 조직된 계급의식적 프롤레타리아의 존재에 달려 있다.

6장_
현실의 검증을 이기지 못한
'관료적으로 퇴보한 노동자 국가' 이론

제2차세계대전 종전 후 트로츠키주의자들을 당혹스럽게 만든 건 무엇보다 세계 자본주의 경제의 상태 문제와 소련 사회의 성격 문제였다. 당시 세계경제 상황은 위기가 아니라 장기 호황의 초기 국면인 듯했다. 경제 상황에 대한 평가와 전망이 달라진다는 것은 당면 정치 전망과 전술도 달라진다는 것을 뜻했다.

소련 문제의 경우, 소련을 노동자 국가(마르크스가 말한 '프롤레타리아 독재')가 아니라 국가자본주의 국가로 보는 사람(팔레스타인 출신 토니 클리프)도 나왔다. 소련을 자본주의의 한 변형으로 본다 함은 사회주의 정치와 마르크스주의 이론도 크게 달라지게 됨을 뜻한다. 원리·원칙 자체가 달라지게 되는 것이다.

1947년 트로츠키주의자들이 소련 문제와 당면 세계경제 상황을 둘러싸고 첨예하게 서로 논쟁을 벌인 건 1938년 트로츠키가 작성한 제4인터내셔널 창립 선언문과 관련 문서들에 담긴 예측이 크게 빗나갔기 때문이다. 트로츠키는 세계 자본주의가 회복 불능의 위기에 봉착했다고 주장했다. "자본주의 시스템의 붕괴는 극한점에 도달했고 옛 지배계급의 해체도 마찬가지다. 이런 체제는 더는 존속이 불가능하다."

이런 천지개벽적 전망으로부터 트로츠키는 개혁주의자들의 입지가 없다는 전망도 이끌어 냈다. 개혁주의 정당들은 자기 지지자들에게 개혁을 제공하지 못할 것이므로 약화되고 불안정해질 것이라고 말이다.(그런데 트로츠키가 말한 개혁주의 정당에는 공산당도 포함됐다는 점에 주의해야 한다. 이것은 장기적 추세를 지적한 것으로는 옳은 통찰이라고 할 수 있지만, 이 추세가 실제로 현실화되는 데는 적어도 20년이 걸렸다.)

트로츠키는 또한 소련 관료를 생산수단을 지배하는 지배계급이 아니라 소비에 기생하는 불안정한 기생 **계층**으로 봤으므로, 회복 불능의 위기 상황에 세계대전마저 겹치면 소련 관료는 전쟁을 겪고 나서, 아니 어쩌면 전쟁 중에도 살아남지 못할 것이라고 전망했다.

그러나 1947년의 시점에서 보건대 자본주의 경제는 호황을 구가하고 있었고, 소련은 정치혁명으로 관료가 타도되는 상황을 겪기는커녕 동유럽을 장악해 그 지역의 사회를 급속히 소련 사회처럼 변모시키고 있었다. 소련이 만약 노동자 국가라면 소련은 동유럽의 자본주의 사회를 질적으로 한 단계 진보한 사회로 변모시키고 있는 셈이었다. 즉, 스탈린주의는 진보적이라는 얘기가 된다. 그렇다면 트로츠키주의자들이 공산당과 별개로 독자적 운동을 건설해야 할 이유는 무엇이란 말인가? 꼬리에 꼬리를 물고 제기되는 이런 당혹스런 질문들에 직면해 심지어 미국 트로츠키주의 운동 지도자 제임스 P 캐넌은 트로츠키의 예측이 현실화되지 않은 건 아직 전쟁이 끝나지 않아서라는 황당한 결론을 이끌어 냈다.

트로츠키의 천지개벽적 전망이 조장한 메시아적 기대는 전환적 강령('이행기 강령')에 대한 트로츠키주의자들의 집착에 잘 나타난다. 트로츠키 자신은 그러지 않았지만, 트로츠키 사후 트로츠키주의자들은 강령 자체나 요구 자체에 무슨 마술적 힘이나 있는 양 착각하는 모습을 흔히 보였다. 그 바람에 그들은 노동계급 의식의 실제 변화와 계급 세력관계의 실제 변화를 냉철하게 현실적으로 평가하고 그에 따라 때때로 전술들을 변경해야 한다는 것을 인정하고 싶어 하지 않았다.

트로츠키주의자들의 이런 '이행기 강령' 집착은 어떤 운동의 혁명적 잠재력이 현실화되느냐 여부를 결정하는 요인이 마치 '이행기 강령'이 있느냐 여부인 것처럼 착각하는 경향으로 나타났다(우리 나라 급진 좌파 가운데도 이런 개인이나 단체가 있었다).

1940년대에 트로츠키 사후 트로츠키주의 운동은 트로츠키의 이론을 비판으로부터 면제시키려 애쓰는 바람에 트로츠키의 이론을 교리로 만들어 버리고, 또 천지개벽 같은 사회 변혁을 학수고대한 점에서 마치 종말론적 종교 종파 비슷한 모습을 보이고 있었다.

이런 모습들은 그들이 처한 극도의 역경으로 설명할 수 있다. 일찍이 1930년대부터 트로츠키주의 운동은 스탈린주의자들의 적대(흔히 그들은 트로츠키주의자들의 집회를 물리적으로 공격했다)와 국가 탄압으로 큰 어려움을 겪었다. 매우 강력했던 중국 트로츠키주의자들은 1930년대에 공산당, 국민당, 일본 제국주의자들 그리고 서구 제국주의자들로부터 공격을 받았다.

게다가 1930년대는 그 시기 중엽에 일어난 미국 노동자 투쟁을 제외하면 패배의 시기였다. 트로츠키 사망 직전쯤 나치는 대서양 연안에서 소련과의 국경선에 이르는 유럽 대륙을 지배했다. 잇따른 패배는 스탈린 체제의 지배력을 강화해 줬다. 파시스트들의 전진에 직면한 노동자들의 눈에는 소련이 자신들의 유일한 보루인 듯했다.

또 트로츠키주의 조직은 거의 다 소규모여서 객관적 상황이 그들에게 강요한 요구를 전혀 감당할 수 없었다. 단적으로 독일 상황이 그랬다. 독일 파시즘에 대한 트로츠키의 저술들은 그의 전체 저술들 가운데 단연 최상의 것으로, 파시즘의 동역학에 대한 기막힌 분석과 함께 히틀러를 패퇴시킬 명료한 전술과 전략을 제시했다. 그렇지만 트로츠키에게는 그 전술과 전략을 실행할 수단이 없었다. 1930년대 초 독일의 트로츠키주의 단체는 겨우 600명밖에 안 됐다. 그들은 활동적 당원이 각각 수만 명이 있는 사회민주당이나 공산당과 아예 비교가 되지 않았다.

정치단체가 상황에 전혀 영향을 미치지 못하면 분열이 일어나기 쉽다. 분석이나 정책의 차이를 실천적 검증으로 해결할 수 없다면 분열이 뭐 대수인가. 게다가 트로츠키주의 단체는 거의 다 노동자 운동에 뿌리를 내리지 못한 데다 그나마 있는 회원들의 상당수가 지식인 지망자로 개인주의적이고 분파주의적이었다. 특히, 이론을 반박 불가능한 교리로 탈바꿈시키는 태도 때문에 트로츠키 사후 트로츠키주의자들의 분열주의적 성향은 더욱 강화됐다. 제4인터내셔널의 각 소그룹들은 자신만이 창립 문서들에 대한 진정한 해석자임을 자처했다. 이렇게 트로츠키주의자들은 역경에 처한 종교적 소종파들이 분열을 거듭하는 것과 비슷한 모습을 보였다.

트로츠키 사후 정설파들은 이렇게 저마다 제4인터내셔널 재건을 자처하거나 아예 제4인터내셔널 자체를 표방하면서 수많은 소그룹들로 분열해 가다가 1960년대 중반부터는 이제는 별반 공통점도 남아 있지 않은 상이한 조직들을 무원칙하게 기회주의적으로 결속하는 쪽으로 돌아섰다. 매우 경직된 교리주의를 고수하다가 갑자기 모든 것을 포용하며 실상은 아무것도 설명하지 못하는 설명 방식으로 너무도 신축성 있게 변모하는 사람들을 많이 볼 수 있는데, 정설주의자들이 그랬다.

가령 정설파들은 1989~1991년 스탈린주의 체제 붕괴 후 그 사건을 1938년 트로츠키의 기이한 분석과 조화시키려 했다. 1938년 트로츠키는 소련 관료가 세계 자본가계급의 도구가 되고 있다고 주장했는데, 이는 터무니없는 주장이었다. 정설파들은 1991년 이후 소련 관료가 스스로 민간 자본가들로 변신하기로 한 일을 무려 51년 전 트로츠키의 관측, 그것도 잘못된 관측이 현실화된 것이라고 강변했다. 그러나 트로츠키는 당면하고도 긴박한 현실로서 소련 관료의 매판화를 얘기한 것이고, 이는 소련 관료 체제의 이례적이고 일시적이며 기생적인 성격을 강조한 그의 견해와 일치한다.

정설파들은 다른 여러 이론적 절충도 시도했다. 그 가운데 에르네스트 만델은 이윤율의 경향적 저하 법칙을 콘드라티예프의 50~60년 주기 경기변동설, 즉 장기파동론과 절충한 경제위기론을 개발했다. 이는 사회주의 혁명의 이론적 기초인 이윤율 중심의 마르크스주의 경제위기론을 본질적으로 훼손하는 것이다(트로츠키 자신은 콘드라티예프의 이론에 동의하지 않았다).[1]

정설파의 모순

트로츠키 정설파의 모순은 트로츠키의 문자에 집착하느라 그의 사상에서 정수를 누락시키는 결과를 낳는다는 것이다. 이는 사회주의 혁명의 주체 문제를 다룰 때 가장 분명하게 드러난다. 트로츠키는 사회주의가 노동계급의 자력 해방이라는 고전 마르크스주의에 충실했다. 그러나 동유럽 나라들이 기형적이어도 노동자 국가라면 노동계급이 아닌 세력들이 사회주의 혁명을 수행할 수 있다는 뜻이 된다. 트로츠키 사후 트로츠키주의자들은 이런 대리주의(다른 사회세력이 노동계급을 대체하기)로 이끌렸다. 물론 자신들은 노동계급을 대체할 세력이 못 되므로 노동계급의 이름으로 행동하는 세력에 희망을 걸었다. 그래서 정설파는 공산당에 장기 입당하는 정책을 (그 정책 집행이 가능한 나라에서) 채택했다.

그러나 최대의 유혹은 제3세계 혁명들로부터 왔다. 1949년 중국, 1959년 쿠바, 1975년 베트남 등지에서 스탈린주의자들이 사회 해방 강령이 아니라 민족 해방 강령에 따라 농민 게릴라를 지도해 승리를 거뒀다. 이 사건들은 얼핏 보면 연속혁명론이 틀렸음을 증명하는 것처럼 보인다. 연속혁명론은 후진국이 제국주의를 패퇴시키려면 후진국의 노동계급이 민족해방운동을 이끌고 자본주의와 단절해야만 한다고 주장하기 때문이다.

정설파들은 이 사건들이 오히려 연속혁명론의 타당성을 입증했다고 주장했다.[2] 이 혁명들로 민족 자주화와 토지 개혁 또는 토지 국유화가 성취됐으니 이 혁명들은 노동계급의 지도로 수행됐음이 틀림없다는 식이었다. 연속혁명론이 수정돼야 한다는 생각은 이 경우에도 선험적으로 배제됐다. 군부 권위주의 통치 치하의 한국 같은 경우에도 연속혁명에 의하지 않고서는 민주적 권리들을 쟁취할 수 없다고 주장했다(1989년 초까지 에르네스트 만델 지지자였던 필자도 이렇게 믿었다).

중국·쿠바·베트남 등지의 혁명들의 성격을 사회주의적이라고 규정하면 트로츠키의 정설을 지킬 수 있을지는 몰라도 새로운 난점들을 들여오는 대가를 치르게 된다. 우선, 이 혁명들의 주체가 노동계급이 아니었을 뿐더러 혁명을 지도한 정당도 노동계급에 기반을 둔 정당이 아니었다.

정설파들은 이 난제를 어떻게 해결했는가? 혁명을 지도한 정당들이 비록 노동계급 기반은 없었을지라도, 노동계급의 역사적 이익에 충실하고 노동계급적 이데올로기에 근거함으로써, 노동계급을 정치적·강령적으로 표현할 수 있었다는 것이다.

이 말은 어떤 운동이 그 성원 가운데 노동자들이 거의 없고 노동계급의 일상 투쟁에 동참하지 않아도 노동계급적이 될 수 있다는 뜻이 된다.

이렇게 되면 다른 사회세력이 노동계급을 대체하기가 노골적으로 정당화되는데, 그 운동들의 이데올로기가 스탈린주의 이데올로기라면, 우리는 그 다른 사회세력이 노동계급을 대체하는 정도에 아예 할 말을 잊게 된다. 도대체 혁명에 역행하는 운동이라고 트로츠키가 규정했던 스탈린주의 운동이 어떻게 자본주의 타도 혁명을 이끌었느냐 하는 물음을 던질 수밖에 없기 때문이다.

정설파들의 답변인즉슨, 스탈린주의자들이 운동을 지도했어도 그들은 객관적 상황의 논리에 의해 운동을 스탈린주의적으로 이끌지 않았다는 것이다. 혁명의 지도부가 사회주의 혁명을 자의식적으로 추구하지 않았지만 그때그때의 상황에 실용적으로 대처하다 보니 어느 순간 자신이 사회주의 혁명을 이끌고 있음을 깨달았다는 것이다.

그렇다면 또 이런 질문을 던질 수밖에 없다. '실용적인 혁명 지도부가 주요 제3세계 지역에서 자본주의를 제거할 수 있다

면 트로츠키주의자들은 있어서 뭘 하나?'

이 질문은 중국 혁명이 성공하면서 제기되기 시작했지만 1979년 니카라과 혁명이 성공하면서는 더할 나위 없이 첨예하게 제기됐다. 미국의 정설파인 미국 사회주의노동자당swp이 니카라과 혁명을 환영하면서, 이 혁명이 연속혁명이 아니라고 선언했기 때문이다. 또 덧붙이기를, 트로츠키의 연속혁명론은 불필요할 뿐 아니라 니카라과와 쿠바를 중심으로 한 새 인터내셔널 설립에 방해만 될 뿐이라고도 선언했다.

미국 사회주의노동자당의 트로츠키주의 정면 부정은 제4인터내셔널 지도부의 거센 반대를 받았다. 그러나 사실 미국 사회주의노동자당의 사례는 1940년대 후반 이래 끊임없이 스탈린주의 쪽으로 이동하고픈 유혹을 느껴 온 정설주의의 논리적 결과였을 뿐이다. 미국 사회주의노동자당이든 제4인터내셔널 주류(만델이 이끌었다)든 둘 다 노동계급 혁명이 노동계급의 능동적 참가 없이도 일어날 수 있다는 데 동의하고 있었다. 이 혁명들을 만든 사람들이 누구인지는 상관없고 그저 그들이 아래로부터의 노동자 권력 없이 위로부터 사회주의를 성취할 수만 있다면 괜찮다는 식이었다.

그렇다면, 트로츠키주의의 존재 이유 자체가 문제가 되지 않겠는가.

제4인터내셔널 지도부도 아니고 미국 사회주의노동자당

도 아닌 정설파 가운데는 중국·쿠바·베트남뿐 아니라 혁명이 일어나지 않은 시리아·앙골라·모잠비크·에티오피아 등의 국가들도 기형적 노동자 국가라고 규정하는 분파가 있었다. 테드 그랜트(1913~2006)가 이끌던 영국 밀리턴트 그룹(1964~1991년)이 그들이었는데, 그들은 국유 경제를 노동자 국가의 기준으로 삼는 점에서 그 나름으로 일관성 있는 정설주의 입장이었다.

대안 — 토니 클리프의 국가자본주의론

비록 트로츠키가 소련 사회 성격 문제에서 국유화를 노동자 국가의 가장 중요한 기준으로 제시해 그의 아류들이 다른 사회세력이 노동계급을 대체하기로 가는 길을 다소 열어 줬지만, 그 자신은 고전 마르크스주의의 노동계급 자력 해방 사상, 즉 아래로부터의 사회주의 사상을 확고하게 견지했다. 정설파들이 스탈린주의 쪽으로 이동하는 듯하는 것에 반발한 이단자들 가운데엔 스탈린주의 공포증 또는 스탈린주의에 대한 증오로 부를 수 있는 경향을 보이는 사람들도 있었다.

1940년 트로츠키와 결별한 미국의 맥스 샥트먼이 이후 보인 행보가 이런 것이었다.[3] 샥트먼은 1960년대에 미국 제국주

의를 지지하는 지경으로까지 미끄러지고 굴러떨어졌다. 샤트
먼을 보면 북한이나 친북 좌익에 대한 두려움이나 혐오가 지
나쳐 남한 국가를 지지하기로 한 일부 옛 PD계 출신 인사들
(조승수 씨 같은 우파적 사회민주주의자들)이 생각날 것이다.

박노자 같은 사람들은 필자와 같은 국제사회주의경향IST을
샤트먼의 아류로 봤는지 몰라도 우리 전통의 창시자 토니 클리
프는 정설주의도 스탈린주의 공포증도 아닌 길을 밟았다. 그
길은 마르크스의 《자본론》과 이후 마르크스주의자들의 탁월
한 저작들에 근거해 소련 정치경제 비판이라고 할 만한 이론
을 발전시켰다.

클리프의 국가자본주의론에는 크게 두 가지 측면이 있다.
첫째 측면은 소극적 측면으로, 국유화를 노동자 국가와 같은
것으로 본 트로츠키 분석의 오류를 입증하는 것이다. 이 측면
은 소련 노동자들이 노동자 권력은커녕 노동자 권리조차 없는
현실을 소상하게 들춰낸다. 또, 공장과 직장 안에서 경영자의
독재적 권력에 종속된 현실과, 이 현실이 소비가 생산에 종속
된 사회 현실의 일부라는 점, 또 만연한 사회경제적 불평등 등
도 들춰낸다. 소련 사회의 이런 특징들을 알면 소련을 퇴보했
어도 모종의 노동자 국가라거나 왜곡됐어도 모종의 사회주의
국가라고 묘사하기가 실로 불가능해질 것이다.

물론 이런 주장만 갖고는 소련이 계급사회라는 점만을 확증

하는 것이 될 것이다. 그러나 무슨 종류의 계급사회인가? 클리프 국가자본주의론의 둘째 측면은 소련이 자본주의적 계급사회라는 걸 확증하는 것이다. 마르크스는 '자본'이라는 추상적 개념과 '자본들'이라는 구체적 개념을 구분했다. 일반적인 '자본'은 자본가가 노동자들로부터 잉여가치를 추출하는 직접적 노동과정을 가리키는 개념이다. 그러나 자본은 여러 자본들로서, 또 오직 그렇게만 존재한다. 자본주의는 경쟁하는 기업들 간에 필연적으로 분열돼 있다. 바로 이 경쟁 때문에 자본들은 생산을 확대하고 생산성을 향상시키지 않을 수 없다. 즉, 경쟁에서 지지 않으려고 자본들은 축적해야만 하는 것이다.

그런데 이런 자본축적을 국가가 전면적으로 지배한다면 어찌 될까? 샥트먼은 그런 상황을 시장과 경쟁의 제거로 봤고, 따라서 개개의 생산 단위들이 자본으로서 행동하지 않아도 되는 상황으로 봤다. 즉, 자본주의 생산양식의 종식으로 본 것이다. 샥트먼은 이런 사회형태를 자본주의도 노동자 국가도 아닌 '관료적 집산주의'라고 불렀다(오늘날 그의 후예들은 소련을 '포스트자본주의' 사회라고 모호하게 부른다).

그러나 토니 클리프는 전혀 다르게 봤다. 소련을 나머지 세계로부터 떼어 내어 고립적으로 고찰하면 안 되고 세계 제국주의·자본주의 체제 속에 자리매김하고 살펴봐야 한다는 것이다. 세계 제국주의·자본주의 체제 속에서는 경쟁 압력이 작용한다. 이 압력은 서방과의 군사적 경쟁의 형태를 취했다. 그러나 군사적 경쟁은 시장이 내는 효과와 똑같은 효과를 낸다. 즉, 군사적 경쟁 때문에 소련 관료는 중공업과 무기 생산 부문을 우선으로 하지 않으면 안 된다. 이는 생산에 비해 소비가 후순위로 밀리는 형태의 자본축적이다. 이런 일은 제1차 5개년 계획의 원년인 1928년부터 본격적으로 시작됐다. 이때가 레닌이 "관료적으로 기형이 된 노동자 국가"라고 부른 사회가 국가자본주의로 전환되는 결정적 전환점이었던 것이다.

이렇게 클리프는 전 세계적 경쟁의 효과들을 소련에 국가자본주의가 존재하는 것의 필요조건으로 다룸으로써, '포스트 자본주의'라는 모호한 소련 사회론을 해체하고 그 진정한 성격을 규정할 수 있었다.[4] 물론 클리프의 이론은 부하린의 제국주의론에서 영감을 얻었다. 부하린은 자본축적이 자본의 집적과 집중으로 나아가는 추세와 함께, 국가와 민간 자본이 통합되는 (국가자본주의 또는 국가독점자본주의) 추세도 수반함을 지적했다. 그러면 중심적 경쟁은 일국 내부보다는 세계 체제 내부로 전이된다.[5] 그럼으로써 민간 기업들 간의 시장 경쟁은 국가들 간의 군사적 경쟁에 비해 후순위로 밀려 경쟁의 형태가 달라진다.

이렇게 보면, 스탈린 치하 소련의 산업화는 노동자 국가의 경제적 강화로 여겨지기보다는 중무장한 국가자본주의로 나아가는 전반적 추세의 극단적 형태로 여겨지게 될 것이다. 제1차세계대전을 일으킨 이 추세는 1930년대 대불황으로 가속돼 마침내 또다시 (제2차)세계대전을 일으켰다.

국가자본주의론은 옛 소련과 현 북한·중국이 '왜곡됐어도 사회주의 사회'이므로 서방과 남한보다 낫다는 견해와 '세습 족벌 독재'이므로 서방과 남한보다 못하다는 견해, 이 두 견해가 각각 함축하는 나쁜 정치적 실천을 피할 수 있게 해 준다. 전자의 견해를 논리적으로 밀어붙이면 북한의 권력 대물림과 핵무기를 지지하게 되고, 동아시아에서 제국주의 간 전쟁이 일어나면(국지적 대리전일지라도) 중국 제국주의 편을 들어 노동자 운동과 좌파를 노동계급으로부터 고립되게 만들 것이다. 후자의 견해를 지니면, 우리가 익히 알듯이 기껏해야 주류 사회민주주의나 최악의 경우 뉴라이트로까지 나아가게 될 수도 있다.

반면 국가자본주의론은 우리로 하여금 아무 제국주의 편도 안 들고 또 (남북한 중) 아무 분단국 편도 안 들게 해 주면서 아래로부터의 노동자 권력과 국제적인 노동자 국가 연방을 향해 매진할 수 있도록 도와줄 것이다. 옛 소련과 현 북한·중국이 기형의 사회주의가 아니고 자본주의의 한 변형이라는 국가자본주의론은, 사회주의가 노동계급의 자체 활동 없이는 성취될 수 없다는 마르크스·엥겔스·레닌·룩셈부르크·트로츠키·그람시의 고전적 마르크스주의 사상을 옹호할 수 있게 도와준다.

1장

1   페테르부르크의 새 이름. 제1차세계대전이 벌어진 1914년 8월에 바뀌
     었고 1924년에 레닌그라드로 바뀐다.

2   Trudell, 1997, p 87.

3   Shlyapnikov, 1982.

4   Rabinowitch, 1991, pp 135~176.

5   김학준, 1999, 822~850쪽, 서비스, 2001, 이완종, 2004, 153쪽, 페
     로, 1983, 374~406쪽. 그 밖에 다수.

6   서비스, 2001, 556~582쪽.

7   서비스, 2001, 78~101쪽.

8   Sukhanov, 1984, p 576.

9   Liebman, 1970, p 176.

10   이인호, 1992, 131쪽.

11   이인호, 1992, 130쪽.

12   Getzler, 1967, p 172.

13   리드, 2005, 324쪽.

14   Lenin, 1975, p 331.

15   Trudell, 1997, p 91.

16   Kautsky, 1964, p 64.

17   Haynes, 1997, pp 15~52.

18   Cliff, 1976, p 202.

19   Newsinger, 1998, p 121.

20   황광우·장석준, 2003, 62~63, 185쪽, 블랙번, 1994, 151~152쪽. 제
     2인터내셔널의 마르크스주의는 마르크스가 선진 산업국에서만 사회주
     의 노동자 혁명이 일어날 수 있다고 여긴 것으로 믿었다. 이 믿음과 맨
     먼저 단절한 마르크스주의자는 1905년 혁명 직후 트로츠키와 파르부
     스였고, 레닌도 제1차세계대전을 겪으면서 조금씩 변하기 시작한다. 특
     히 그의 "4월 테제"는 제2인터내셔널과의 결정적인 정치적 결별을 뜻했
     다. 한편, 마르크스 자신은 선진 산업국의 노동자 혁명과 직결되기만
     한다면 상대적 후진국에서도 노동자 혁명이 일어날 수 있다고 믿었다
     (로이, 마이클, 2005, 《맑스와 엥겔스의 혁명관》, 다함께).

21   Cliff, 1978, p 95.

22   Lenin, 1975, p 505.

23   Lenin, 1975, p 535.

24   리브만, 2007, 448~449쪽. 국역판의 번역이 부정확해 필자가 영어판
     의 본문을 재번역했다.

25   이 문맥에서 '중간주의'는 사회 전체의 스케일 속에서 좌파와 우파 사
     이의 중간이라는 뜻이 아니라 혁명적 사회주의와 개혁주의 사이에서
     오락가락하는 조류들을 뜻한다.

26   블랙번, 1994, 152, 174쪽.

27   Cliff, 1978, p 69.

28   Lincoln, 1991, pp 115~116.

29   세르주, 2011, 486쪽.

30 Smith, 1983, pp 250~251.

31 Lincoln, 1991, p 63.

32 볼셰비키만 남아 소비에트를 지키고 있었으므로 '당'은 사실상 볼셰비키를 뜻했다.

33 Avrich, 1970, p 163.

34 Avrich, 1970, pp 157~193.

35 Avrich, 1970, pp 89~90.

36 Avrich, 1970, p 89.

37 Avrich, 1970, pp 179~180.

38 Avrich, 1970, pp 179~180.

39 전형적으로 브렌델, 2004, 60쪽.

40 Avrich, 1970, pp 235~240.

41 Avrich, 1970.

42 Avrich, 1970, p 137.

43 Serge, 1963, p 129.

44 Lenin and Trotsky, 1979, p 98.

45 Lenin and Trotsky, 1979, p 97.

46 Marx and Engels, 1969, p 398.

47 레닌 외, 1989, 96쪽.

48 레닌 외, 1989, 131쪽.

49 Lenin, 1921.

50 레닌 외, 1989, 123~124쪽.

51 레닌 외, 1989, 109~114쪽.

52 레닌 외, 1989, 45쪽.

53 Bukharin, 1925.

54 몰리뉴, 2005, 75~94쪽.

55 트로츠키, 2001, 272쪽.

56 레닌 외, 1989, 45쪽.

57 이완종, 2004, 552쪽.

58 http://www.allwords.org/hi/history-of-the-cpsu.html

59 Serge, 1987, p 57.

60 같은 책.

61 Harris, 2015, p 171에서 재인용.

62 이완종 2004, 556쪽.

63 블랙번, 1994, p 174.

64 Serge, 1987, pp 57~62, Serge, 1996, pp 59~102, pp 139~149.

65 Trotsky, 1992, p 12.

66 조정환, 2004.

67 조정환, 2003, 398, 402쪽.

68 조정환, 2004, 53~54쪽.

69 조정환, 2004, 55쪽.

70 조정환, 2004, 47, 51쪽.

71 조정환, 2004, 35, 50쪽.

72 조정환, 2003, 258쪽.

73 Lincoln, 1991, pp 372~373에서 재인용.

5장

1 크리스 하먼, "논리의 검증을 이기지 못하는 이론", 하먼·캘리니코스 외, 《마르크스주의와 국가자본주의 논쟁》, 풀무질, 1995, 74쪽.

2 같은 글, 96~97쪽.

3   같은 글, 106쪽.

4   같은 글, 103쪽.

5   C Harman, 1969, "The inconsistencies of Ernest Mandel", *International Socialism*(old series) 41, p 38.

6   같은 글, p 37.

7   같은 글, p 38.

8   크리스 하먼, "논리의 검증을 이기지 못하는 이론", 75~79쪽.

9   알렉스 캘리니코스, "파산한 이론을 은폐할 수 없는 수사학", 《마르크스주의와 국가자본주의 논쟁》, 212~213쪽.

10   크리스 하먼, "트로츠키에서 국가자본주의로", 《마르크스주의와 국가자본주의 논쟁》, 35~36쪽.

11   데렉 하울, "가치법칙과 소련", 《마르크스주의와 국가자본주의 논쟁》, 121쪽.

12   C Harman, 1976, "Poland : the crisis of state capitalism, part 1", *International Socialism*(old series) 93, p 27.

13   같은 글, p 28. 데렉 하울, "가치법칙과 소련", 141~144쪽.

14   크리스 하먼, "논리의 검증을 이기지 못하는 이론", 82~85쪽. C Harman, "Poland : the crisis of state capitalism, part 1", p 27.

15   C Harman, "Poland : the crisis of state capitalism, part 1", p 27.

16   크리스 하먼, "논리의 검증을 이기지 못하는 이론", 84~85쪽. 데렉 하울, "가치법칙과 소련", 115쪽, 141~142쪽. 알렉스 캘리니코스, "임금노동과 국가자본주의", 《마르크스주의와 국가자본주의 논쟁》, 257쪽.

17   앨릭스 캘리니코스, 《트로츠키주의의 역사》, 백의, 1994, 38쪽.

18   같은 책, 48~53쪽.

19   D Hallas, 1973, "FI in decline", *International Socialism*(old series) 60, p 21.

20 앨릭스 캘리니코스, 《트로츠키주의의 역사》, 53~54쪽.

21 L Trotsky, *Revolution Betrayed*, London, 1967, pp 61~62[국역: 《배반당한 혁명》, 갈무리, 1995].

22 같은 책, p 47.

23 같은 책, pp 252, 288.

24 같은 책, p 112.

25 토니 클리프, 《소련은 과연 사회주의였는가?》, 책갈피, 2011, 342~345쪽, 182~184쪽.

26 같은 책, 339~342쪽.

27 John Molyneux, *Leon Trotsky's Theory of Revolution*, Harvester Press, 1981, pp 129~130.

28 토니 클리프, 《소련은 과연 사회주의였는가?》, 167~169쪽, 191~192쪽.

29 같은 책, 1장.

30 같은 책, 184~186쪽.

31 같은 책, 182~184쪽.

32 옛 소련 사회과학자들의 논문집인 Murry Yanowitch and Wesley A Fisher, eds and trs, *Social Stratification and Mobility in the USSR*, NY, International Arts and Sciences Press, 1973. 특히 pp 241~274. Alastair McAuley, *Economic Welfare in the Soviet Union: Poverty, Living Standards and Inequality*, Wisconsin, University of Wisconsin Press, 1979, p 66. Hedrick Smith, *The Russians*, NY, Ballantine, 1977, pp 48, 131~132[국역: 《모스크바 25시》, 문학관, 1989]. 또, 미하일 보슬렌스키, 《노멘클라투라》, 평민사, 1981(그러나 터무니없게도 보슬렌스키는 스탈린주의 체제의 기원을 레닌과 1917년 볼셰비키 혁명으로까지 거슬러 올라가고 있다).

33 N E Rabkina and N M Rimashevskaya, *Osnovy differentsiatsii zarobotnoi platy i dokhodov naseleniya*[인구의 임금·소득 차이

의 토대], Moscow. A McAuley, *Economic Welfare in the Soviet Union*, 1979, p 181에서 재인용. 소련의 계획 당국은 공식 빈곤선을 "최소한의 물질적 만족"이라 불렀는데, 노동자 가구의 3분의 2와 집단농장 농민 가구의 84퍼센트가 공식 빈곤선의 1.4배 이하의 소득으로 생계를 꾸려 나갔다. 이에 대해서는 McAuley, *Economic Welfare in the Soviet Union*, ch 3 참조. 또, David Lane and Felicity O' Dell, *The Soviet Industrial Worker: Social Class, Education and Control*, NY, St Martin's Press, 1978, 표 5.7.

34 알렉스 캘리니코스, "임금노동과 국가자본주의", 《마르크스주의와 국가자본주의 논쟁》, 풀무질, 1995, 226~257쪽.

35 N E Rabkina and N M Rimashevskaya, *Osnovy differentsiatsii zarobotnoi platy i dokhodov naseleniya*, p 208; McAuley, *Economic Welfare in the Soviet Union*, p 182에서 재인용.

36 McAuley, *Economic Welfare in the Soviet Union*, p 182.

37 S Batyshev, "Vybor oshibok", in *Literaturnaya Gazeta*, 1968년 3월 19일. Lane and O'Dell, *The Soviet Industrial Worker*, p 90에서 재인용.

38 Abel Aganbegyan, "The real state of the economy", in Stephen F Cohen, ed, 1982, *An End to Silence: Uncensored Opinion in the Soviet Union*, NY, Norton, p 224.

6장

1 Trotsky, 1923.

2 가령 뢰비, 1990.

3 Shachtman, 1940, pp 68~72.

4 다른 형태의 국가자본주의론이 있긴 하다. 대표적인 것이 C L R 제임스와 라야 두나옙스카야가 발전시킨 매우 추상적이고 철학적인 이론이

다. 그러나 그 이론은 자본주의를 생산과정으로 환원하는 바람에 소련형 사회를 일종의 초대형 공장으로 표상하고, 계급투쟁을 노동 현장에서의 반란으로 환원한다. 그리 되면 아나키즘적 신디컬리즘과 매우 비슷해지며, 혁명적 정치조직 건설을 기피하게 된다(우리 나라에도 이와 흡사한 사상에 따라 활동하다가 매우 사기 저하한 그룹들이 있다).

5   Bukharin, 1982, p18.

참고 문헌

1장

김학준. 1999, 《러시아 혁명사》, 수정증보판, 문학과지성사.

레닌 외. 1989, 《레닌의 반스딸린 투쟁》, 신평론.

리드, 존. 2005, 《세계를 뒤흔든 열흘》, 책갈피.

리브만, 마르셀. 2007, 《레닌의 혁명적 사회주의》, 풀무질.

몰리뉴, 존. 2005, 《고전 마르크스주의 전통은 무엇인가?》, 책갈피.

볼코고노프, 드미트리. 1993, 《스탈린》, 세경사.

브렌델, 카요. 2004, "크론슈타트", 본펠드, 워너 외. 《무엇을 할 것인
가?》, 갈무리.

블랙번, 로빈. 1994, 《몰락 이후》, 창작과비평사.

서비스, 로버트. 2001, 《레닌》, 시학사.

세르주, 빅토르. 2011, 《러시아혁명의 진실》, 책갈피.

이완종. 2004, 《10월혁명사》, 우물이있는집.

이인호(엮은이). 1992, 《러시아 혁명사론》, 까치.

조정환. 2003, 《아우또노미아》, 갈무리.

조정환. 2004, "레닌의 카이로스", 《마르크스주의 연구》 제2호, 한울.

클리프, 토니. 2011, 《소련은 과연 사회주의였는가?》, 책갈피.

트로츠키, 레온. 2001, 《나의 생애》 (하), 범우사.

페로, 마르크. 1983, 《1917년 10월혁명: 러시아 혁명의 사회사》, 거름.

황광우·장석준. 2003, 《레즈를 위하여》, 실천문학사.

Avrich, Paul. 1970, *Kronstadt 1921*, Princeton University Press.

Bukharin, N. 1925, "On the New Economic Policy and Our Tasks"(Excerpt from a report to a conference of Moscow party activists), http://www.uea.ac.uk/his/webcours/russia/documents/bukharin1.shtml

Cliff, Tony. 1976, *Lenin*, vol 2, Pluto[국역: 《레닌 평전 2》, 책갈피, 2009].

Cliff, Tony. 1978, *Lenin*, vol 3, Pluto[국역: 《레닌 평전 3》, 책갈피, 2010].

Getzler, I. 1967, *Martov*, Cambridge University Press.

Harris, Nigel. 2015, *Mandate of Heaven*, Haymarket Books.

Haynes, Mike. 1997, "Was there a parliamentary alternative in Russia in 1917?", pp 3~66, *International Socialism* 76, SWP(Britain)[요약 국역: "1917년 러시아에서 부르주아 민주주의적 대안은 있었나?", 《마르크스21》 18호].

Kautsky, Karl. 1964, *The Dictatorship of the Proletariat*, University of Michigan Press[국역: 《프롤레타리아 독재》, 한길사, 2006].

Lenin, V I. 1921, *The Party Crisis*(http://www.marxist.org/archive/lenin/ works/1921/jan/19.htm)

Lenin, V I and L Trotsky. 1979, *Kronstadt*, Monad Press.

Lenin, V I. 1975, *Selected Works*, vol 2, Progress Publishers.

Liebman, Marcel. 1970, *The Russian Revolution*, Random House.

Lincoln, W B. 1991, *Red Victory: A History of the Russian Civil war*, Abacus.

Marx, Karl and F Engels. 1969, *Selected Works*, vol 1, Progress Publishers.

Newsinger, John(ed). 1998, *Shaking the World: John Reed's Revolutionary Journalism*, Bookmarks.

Rabinowitch, Alexander. 1991, *Prelude to Revolution*, Indiana University Press.

Rees, John, et al. 1997, *In Defence of October*, Bookmarks.

Serge, Victor. 1987, *From Lenin to Stalin*, Pathfinder.

Serge, Victor. 1963, *Memoirs of a Revolutionary 1901–1941*, Oxford University Press[국역: 《한 혁명가의 회고록》, 오월의봄, 2014].

Serge, Victor. 1996, *Russia Twenty Years After*, Humanities Press.

Shlyapnikov, Alexander. 1982, *On the Eve of 1917*, Alison and Busby.

Smith, S A. 1983, *Red Petrograd*, Cambridge University Press.

Stalin, Joseph. 1928, "Industrialization of the Country"(http:// history.hanover. edu/courses/excerpts/111stal2.html)

Sukhanov, N N. 1984, *The Russian Revolution: A Personal Record*, Princeton University Press.

Trotsky, Leon. 1979, *How the Revolution Armed*, vol 1, New Park.

Trotsky, Leon. 1992, *Stalinism and Bolshevism*, Union Books.

Trudell, Megan. 1997, "Prelude to revolution: class consciousness and the First World War", *International Socialism* 76, SWP(Britain).

6장

뢰비, 미셸. 1990, 《연속혁명 전략의 이론과 실제》, 신평론.

Bukharin, Nikolai. 1982, *Selected Writings on the State and the Transition to Socialism*, Routledge.

Shachtman, Max. 1940, "The Soviet Union and the World War", *New International*, Vol 6 No 3. https://www.marxists.org/archive/shachtma/1940/04/ussrwar.htm

Trotsky, Leon. 1923, "The Curve of Capitalist Development" (A Letter to the Editors in Place of the Promised Article), https://www.marxists.org/archive/trotsky/1923/04/capdevel.htm